大学生应知应会
法律常识

《大学生应知应会法律常识》编写组 编

中国法制出版社
CHINA LEGAL PUBLISHING HOUSE

编委会及撰稿人

主 编

刘 波

其他编委成员/撰稿人

杨 智 胡 艺 马春芳 刘 悦

王妤娇 赵雅菲 吴权弟

目 录

校园生活篇

校园安全篇

外出游玩篇

恋爱交友、家庭篇

防诈防骗篇

求职工作篇

基 础 法 律 篇

01

发现国旗悬挂不当行为时，应当怎么办？

📖 案情简介

2021年国庆假期第一天，大学生蔡某和朋友刘某一起外出游玩，途经 A 市某单位时，无意中发现该单位前面的国旗杆上随风飘扬的国旗竟然是倒着挂的，旗面上的大五角星和四颗小五角星倒置在下。蔡某于是和刘某聊了起来，蔡某认为这样倒挂国旗的行为很不严肃，而且还在国庆节出现，太不应该了，应当联系该单位予以纠正。刘某则认为这不是什么大事且事不关己，不用管，多一事不如少一事。不过，蔡某还是坚持自己的看法，通过了解和打听，他们联系到了该单位的工作人员，对该情况作了反馈。之后，该单位派人很快对倒挂的国旗进行了调整。同时，也进行了核查，发现原来是国庆假期前工作人员急着下班回家，匆匆忙忙升了旗，没有仔细检查导致的。

📝 案例分析

我国《国旗法》第十九条规定："不得升挂或者使用破损、污损、褪色或者不合规格的国旗，不得倒挂、倒插或者以其他有损国旗尊严的方式升挂、使用国旗。不得随意丢弃国旗。破损、污损、褪色或者不合规格的国旗应当按照国家有关规定收回、处置。大型群众性活动结束后，活动主办方应当收回或者妥善处置活动现场使用的国旗。"因此，倒挂国旗的行为是违反法律的。上述案例中，刘某认为倒挂国旗不是什么大事的看法是错误的。五星红旗是中华人民共和国的国旗，是国家的象征和标志，不仅不能倒挂、倒插，更不能随意丢弃。蔡某积极坚持联系倒挂国旗单位的人员，及时反馈情况并要求对倒挂的国旗进行调整，其行为值得鼓励。

此外，我国《国旗法》第二十三条还规定，"在公共场合故意以焚烧、毁损、涂划、玷污、践踏等方式侮辱中华人民共和国国旗的，依法追究刑事责任；情节较轻的，由公安机关处以十五日以下拘留"。所以，在公共场合以一定方式侮辱国旗的，还可能触犯刑法。因此，我国每一位公民，在日常生活中，应尊重和爱护国旗，而且不要出现侮辱国旗，损害国旗尊严的行为，以免触犯刑法。

02

篡改国歌歌词并在网络发布、传播，是违法的吗？

📖 案情简介

大学生赵某，在校期间对学校的网速以及后勤管理人员对网速问题的处理不满，找到学校有关负责人投诉。学校经过与赵某沟通后，对相关情况和人员进行了处理。但是，赵某认为学校的处理未达到其要求，之后又多次找学校反映情况。经过一段时间，赵某认为学校方面对问题的处理还是很不到位。年轻气盛的赵某很生气，于是自己把国歌的歌词进行改写，以表达自己内心的激愤，并将改写歌词后的"××共和国国歌"发到百度贴吧、班级微信群和自己加的各种其他社交微信群等，以引起他人的注意。经他篡改过的国歌格调不高，而且充满了贬损意味，在网络上很快被传播出去，造成了不良的影响。最后，赵某因篡改国歌歌词并在网上发布、传播，造成不良影响，被公安机关依法行政拘留十日。

📝 案例分析

国歌是代表一个国家民族精神的歌曲，是一个国家的象征，具有严肃性和庄严性，国歌一旦以国家法律形式固定下来，任何人都不得随意篡改其曲谱和歌词。赵某不能为了表达自己的愤怒和不满，而篡改国歌歌词。其篡改后的国歌歌词贬损了国歌，违反了《国歌法》的相关规定，因此被公安机关依法行政拘留十日。

根据我国《国歌法》第十五条规定，"在公共场合，故意篡改国歌歌词、曲谱，以歪曲、贬损方式奏唱国歌，或者以其他方式侮辱国歌的，由公安机关处以警告或者十五日以下拘留；构成犯罪的，依法追究刑事责任"。赵某因篡改国歌的行为被行政拘留，可以说一点也不冤枉。此外，根据我国《刑法》第二百九十九条规定，"在公共场合，故意以焚烧、毁损、涂划、玷污、践踏等方式侮辱中华人民共和国国旗、国徽的，处三年以下有期徒刑、拘役、管制或者剥夺政治权利。在公共场合，故意篡改中华人民共和国国歌歌词、曲谱，以歪曲、贬损方式奏唱国歌，或者以其他方式侮辱国歌，情节严重的，依照前款的规定处罚"。因此，若是篡改国歌行为情节严重的，还可能触犯刑法，最终受到刑事处罚。在校大学生一定要加强国家认同观念，增强自身法律意识；认识到国歌是中华人民共和国的象征和标志，一切公民和组织都应当尊重国歌，维护国歌的尊严；进而避免出现不当行为。

03

拒绝、逃避服兵役会有什么后果？

📖 案情简介

张某于2019年考入安徽某大学。2020年9月经体格检查、政治考核、役前训练、审批定兵等手续后入伍，被分配至军区某部队服役。到达部队后，次日张某就找借口说自己不适应，提出要离开部队。部队相关负责人及其家人多次对其进行思想教育和劝导，张某还是拒绝服兵役，表示要离开部队。最终，军区纪律检查委员会于2020年11月对张某作出拒服兵役除名处理决定。按照相关规定，安徽某大学也于2020年12月给予张某两年内不得复学的处理意见。

依据我国《兵役法》《征兵工作条例》等法律规定，综合学校处理意见，经区征兵领导小组会议研究通过，区征兵办决定对张某作出处罚。

📝 案例分析

　　根据我国法律，拒绝服兵役是违法行为。《兵役法》第五十七条规定："有服兵役义务的公民有下列行为之一的，由县级人民政府责令限期改正；逾期不改正的，由县级人民政府强制其履行兵役义务，并处以罚款：（一）拒绝、逃避兵役登记的；（二）应征公民拒绝、逃避征集服现役的；（三）预备役人员拒绝、逃避参加军事训练、担负战备勤务、执行非战争军事行动任务和征召的。有前款第二项行为，拒不改正的，不得录用为公务员或者参照《中华人民共和国公务员法》管理的工作人员，不得招录、聘用为国有企业和事业单位工作人员，两年内不准出境或者升学复学，纳入履行国防义务严重失信主体名单实施联合惩戒。"

　　案例中，张某拒服兵役已经违反法律规定，会依法受到一系列的处罚，如：取消其义务兵优待，予以罚款；纳入履行国防义务严重失信主体名单实施联合惩戒，金融部门一定期限内不给予其信贷优惠政策和利率优惠政策；不得录用其为公务员或者参照公务员法管理的工作人员、事业单位人员及国有企业工作人员；个人户籍"兵役栏"备注"拒服兵役"永久字样，2年内不得为其办理出国（境）手续；

等等。

依照我国法律法规的相关规定，公民有服兵役的义务，不应拒绝、逃避兵役登记，应征公民也不应拒绝、逃避征集服现役；适龄公民应积极履行法律义务，做一名遵法守法、有担当的合格公民。

04

兼职帮人拍摄照片，有可能涉及为境外非法提供国家秘密？

📖 **案情简介**

2020年3月，大学生刘某想利用空余时间赚点钱，于是在某QQ群中寻找兼职。他发消息询问后，一个群成员主动添加他为好友，向其提供"某港口附近地图信息采集和沿街商铺拍摄"的兼职，"每天工作3小时，一周工作3天（不限哪一天），日工资200元"。

刘某觉得这兼职不错，自己距离该港口也不远，便按要求把个人信息等内容发给对方，然后应对方要求前往附近小区楼顶的制高点、公园及医院等，从不同角度拍摄我军港的军事目标及附近街道店铺、路况等，每次拍摄的大量照片通过邮箱发给对方。刘某还应境外人员要求，通过网购的长焦镜头观测以及租船出海抵近观察等方式，多次赴我某海军舰队观察和收集信息。其间，境外机构还对刘某进行了安全培训，让其记录和汇报军舰舷号。通过这份"兼职拍摄"工作，刘某获得了一些日常花销的钱。

2020年12月，某市中级人民法院以为境外非法提供国家秘密罪判处刘某有期徒刑5年6个月，剥夺政治权利1年。

案例分析

本案中，大学生刘某通过"兼职拍摄"工作，获得了报酬，但他的这份兼职为境外的机构非法提供了国家秘密。他对此其实有一定认识，但依然继续从事该行为。根据我国《刑法》第一百一十一条，"为境外的机构、组织、人员窃取、刺探、收买、非法提供国家秘密或者情报的，处五年以上十年以下有期徒刑；情节特别严重的，处十年以上有期徒刑或者无期徒刑；情节较轻的，处五年以下有期徒刑、拘役、管制或者剥夺政治权利"。因此，刘某因犯为境外非法提供国家秘密罪而被判有期徒刑，附加剥夺政治权利1年。

近年来，一些境外间谍情报机关在网络上通过求职招聘、学术研究、商务合作、交友婚恋等多种名义掩护，欺骗、勾连我社会人员和一些在校学生窃取、出卖国家秘密。刘某为境外非法提供国家秘密案就是其中的典型案件。

年轻的大学生通常国家安全意识不太强，境外机构也正是抓住大学生想做兼职、想赚钱的心理，以一定报酬为诱饵，引诱其从事特定行为。刚开始可能是让其进行一些简单易行、不明显违法的行为，以使其放松警惕；长此以往，便以增加报酬、思想渗透等方式毒害大学生群体，以达到其危害我国国家安全的不正当目的。

因此，大学生群体一定要提高警惕、提升国家安全意识，时刻谨记维护国家安全的义务和信念。

05

悬赏寻找贵重饰品，领取时可以对悬赏承诺反悔吗？

案情简介

小王丢失了一件贵重饰品，在宿舍楼内贴寻物启事悬赏800元。小美在楼梯处拾得该饰品，并看到了寻物启事，遂将该饰品送还给小王，请求800元酬金。没想到，却遭到了小王的拒绝。小王只肯给200元，并表示酬金写得高一点才能更容易找回来。双方因此发生争执。

案例分析

悬赏广告是广告人以广告的方式发布声明，承诺对任何按照声明的条件完成指定事务的人给予约定的报酬。现实生活中，悬赏广告已经普遍存在，电视、报纸上常出现的寻人启事、有奖征集企业广告语等告示都属于悬赏广告的性质。悬赏广告在法律上是一种有效的契约，双方应当履行悬赏合同所规定的权利和义务，即完成工作的人享有获得报酬权，发布广告的人应当按照广告的约定，支付所承诺的报酬。

我国《民法典》第三百一十七条第二款规定："权利人悬赏寻找遗失物的，领取遗失物时应当按照承诺履行义务。"第四百九十九条规定："悬赏人以公开方式声明对完成特定行为的人支付报酬的，完成该行为的人可以请求其支付。"本案例中，小王发布寻物启事即是一种公开声明，其应该按照承诺向小美履行支付赏金的义务。此外，《民法典》第一百三十九条还规定，以公告方式作出的意思表示，公告发布时生效。赏金并非戏言，悬赏人以公开方式声明对完成特定行为的人支付报酬的，在拿回遗失物时，悬赏承诺应当兑现。若小王拒不履行，小美有权向有管辖权的人民法院起诉。

因此，面对此类情况，大学生们应当清楚：（1）失主不可以反悔不支付报酬，悬赏广告构成单方允诺，完成悬赏广告内容的人可以要求失主支付报酬；（2）拾得人应当返还遗失物，占有他人遗失物拒不返还可能构成刑事犯罪。

06

自己的姓名权被他人侵害时，应该怎么办？

📖 案情简介

　　小李的父母都是某大学文学院的老师，受父母的影响，小李自幼喜欢阅读，如古代小说、现代小说、古代诗歌、外国文学等，文学功底不错。在长期的熏陶和影响下，小李便以"烟湮"为笔名在一些杂志上或某写作平台上发表一些文章。小李发表的文章故事情节环环相扣，耐读性强，价值观积极向上，收获了一些固定的忠实读者，在圈子内也小有名气。但是，大四的时候，小李因忙于写毕业论文和求职，就暂时停笔一段时间。停笔期间，小王在多个颇有影响力的微信群发文，广而告之"烟湮"会在3个月后呈现自己的呕心沥血之作：《××传》。小李通过好友得知这件事情后，找到小王，明确要求小王第一时间在公众平台澄清事实并公开道歉。但是小王置之不理，继续以"烟湮"的名义为《××传》做宣传。作为"烟湮"本人，当用以进行创作的笔名被他人冒用时，小李应该如何维护自己的合法权益呢？

📝 案例分析

根据《民法典》第九百九十七条规定，民事主体有证据证明行为人正在实施或者即将实施侵害其人格权的违法行为，不及时制止将使其合法权益受到难以弥补的损害的，有权依法向人民法院申请采取责令行为人停止有关行为的措施。再根据《民法典》第一千零一十七条规定，具有一定社会知名度，被他人使用足以造成公众混淆的笔名、艺名、网名、译名、字号、姓名和名称的简称等，参照适用姓名权和名称权保护的有关规定。

姓名权是人格权的一种。具有一定社会知名度的笔名和真名一样，受法律保护。上述案例中，小王在未征得小李的同意下，冒用小李的笔名为自己的《××传》做营销，且在小李明确要求其停止不当行为后还继续冒用进行宣传，严重侵害了小李的姓名权。小李可以通过以下步骤维权：首先，应该通过发表文章的杂志官网或者文学网站证明"烟湮"是自己的笔名；其次，获取微信群的截图，固定小王冒用笔名获取非法利益的证据；最后，向有管辖权的人民法院起诉，申请责令小王停止有关侵权行为。

07

为什么说"常回家看看"，是子女的义务？

📘 **案情简介**

　　某法院公开审理了一起老人起诉儿女的案件。该老人叫李大娘，共育有6个子女，目前已年近90岁。眼见身体一天不如一天，她特别希望自己的子女们能多回家看一看、陪一陪她。但是，她的子女们却很少回家去看望她，日常的照料也很不到位，有的总说忙没时间，有的总说离得远回不来，还有的说因以前财产分配不公已和她断绝往来。总之，6个子女都很少回家对她进行探望。

　　面对这种状况，李大娘只好将6个子女起诉至法院，要求她的子女每人每月须亲自交付给她赡养费50元。另外，还要求每人每月回家对她探望2次，每次探望时间不少于10分钟。最终，某法院依照《民法典》婚姻家庭编、《老年人权益保障法》和《民事诉讼法》等法律的相关规定，判决李大娘的6个子女，每人每月给付赡养费50元，每人每月需探视李大娘2次，每次探望时间不得少于10分钟。

📝 案例分析

　　子女赡养父母，是法律规定的义务。但子女赡养父母，不仅是给予父母一定物质和生活上的照料、帮助，还应当关注父母的精神健康。根据我国《老年人权益保障法》（2018年修正）第十八条规定，"家庭成员应当关心老年人的精神需求，不得忽视、冷落老年人。与老年人分开居住的家庭成员，应当经常看望或者问候老年人。用人单位应当按照国家有关规定保障赡养人探亲休假的权利"。由此，人们总说的"常回家看看"，不再像以往一样，只是一句停留在道德要求层面的话，而是成了法律上的硬性要求。成年子女赡养父母，不仅要在物质上给予保障，更要在生活中进行关照，给予老年人精神上的慰藉。如果子女做得不好，不能履行赡养义务，还比较顽固的话，父母也可以依法维护自己的合法权益。案例中李大娘向法院提起诉讼，就很好地运用了法律途径，对子女提出了赡养和回家探望的合法要求。

08

定金和订金"一字之差",有什么区别?

📘 案情简介

　　小帅大学即将毕业,找到了一份称心如意的工作,打算在 A 市租房开启职场人的新生活。小帅在租房网站上看到了李阿姨发布的房屋出租信息,便与李阿姨取得了联系,确定了租金、租期、"押一付三"等租房事宜。次日,小帅通过微信给李阿姨转账 8000 元,但两人未签订租房合同。结果,小帅还没有入住租住的房子,就因公司工作业务需要,被派往 B 市常驻,因而不需要在 A 市租房。于是,小帅向李阿姨要求返还之前转账的 8000 元订金。谁知李阿姨拒绝退还,她认为此前要求小帅支付的是租房的定金,不是订金。小帅不履行租房义务,无权要求返还定金。那么,如何判断小帅支付的这 8000 元,究竟是定金还是订金呢?对于这笔钱,小帅能否要求返还呢?

📝 案例分析

"定金"和"订金"只有一字之差，但两者的法律效力是完全不同的。定金具有担保合同履行的性质，是一种双向担保方式，交付定金的一方不履行合同，无权要求返还定金；收受定金的一方不履行合同，应当双倍返还定金。而订金是一个习惯用语，指的是在合同正式生效前支付的预付款，并非法律概念，不具有担保的功能，若合同无法执行，是可以退回的。《民法典》第五百八十七条规定："债务人履行债务的，定金应当抵作价款或者收回。给付定金的一方不履行债务或者履行债务不符合约定，致使不能实现合同目的的，无权请求返还定金；收受定金的一方不履行债务或者履行债务不符合约定，致使不能实现合同目的的，应当双倍返还定金。"

而根据《民法典》第五百八十六条，支付定金作为债权的担保由当事人约定，且数额不得超过主合同标的额的百分之二十。若无约定，则一般会被视为没有约定定金。本案中，小帅和李阿姨在租房过程中并未明确约定该8000元是租房定金，李阿姨主张是定金，但其没有证据证明，因而无法得到法律支持。所以，在没有明确约定为定金的情况下，小帅支付的8000元一般会被视为合同预付款，即可以退回的订金。

日常生活中，分清"定金"和"订金"非常重要。合同标明"定金"的，一方违约时，双方按照合同约定执行定金条款。如未约定定金，当事人主张定金权利的，法院不予支持。大学生初入社会，在租房或是购买相关商品时一定要分清"定金"和"订金"的区别，以保护个人合法权益。

校 园 生 活 篇

09

打球时因同学防守犯规而受伤，能向对方索赔吗？

案情简介

小沈和小严是某大学的两名学生，两人一起参加了学校组织的篮球比赛，分属两队，小沈为进攻方，小严为防守方。比赛中，小沈纵身起跳上篮，小严也紧随其后，立马起跳进行防守，两人因此在空中发生了碰撞，小沈被撞倒在地而受伤，小严也被判防守犯规。事故发生后，小沈被送医并诊断为左肩外伤。出院后小沈向小严索赔医药费，但小严认为自己只是正常的防守，并不是故意犯规才导致小沈受伤，因此对小沈的损伤不应当承担赔偿责任。小沈决定起诉小严。

法院经审理认为，小沈与小严是自愿参加篮球比赛，且双方都知道篮球比赛是存在一定风险的，所以根据《民法典》中"自甘风险"的规定，判决小严对损害的发生不具有故意或者重大过失，无须承担赔偿责任。

📝 案例分析

首先，在篮球比赛中，肢体碰撞是不可避免的，并且在篮球比赛"强力对抗"的情况下，不能过分要求场上队员在做出动作的时候必须合理规范并且经过深思熟虑。其次，上述的校园篮球赛虽然是业余性质，但是其风险程度也是高于其他日常体育活动的，而小严防守动作的犯规属于常规情形，不能过于苛责。

虽然小沈确实是因为小严的防守动作犯规而受伤，但双方都是年满18周岁的成年人，根据《民法典》第一千一百七十六条第一款规定："自愿参加具有一定风险的文体活动，因其他参加者的行为受到损害的，受害人不得请求其他参加者承担侵权责任；但是，其他参加者对损害的发生有故意或者重大过失的除外。"本案中，小严对损害的发生并非故意，也不存在重大过失，不构成侵权，所以无须承担侵权责任。

从《民法典》对"自甘风险"的规定来看，自甘风险应包含三个构成要件：一是要知晓危险的存在；二是对于可能存在的危险明确表示或可以推知其自愿承担；三是接受该危险不违背公共利益或者公序良俗。具体来讲，构成"自甘风险"一般应具备如下条件：一是活动本身的风险自始客观存在，且该风险不为法律所禁止，如足球、篮球等竞技性体育活动；二是行为人具有相应民事行为能力，且其主观上明知风险存在仍自愿参加。所以，日常生活中自愿参加文体活动要有"自甘风险"意识，这一原则也让责任承担规则更加明晰公平。"自甘风险"原则的确定，体现了尊重个体自由、合理分配风险责任的理念；也有利于保障体育活动参加者自由参加文化体育活动，促进文化活动健康有序发展。

10

自行使用室友的化妆品后皮肤受损，能让室友赔偿吗？

📖 案情简介

　　小红和小丽是同寝室的室友。有一天小红外出，她网购的一罐面霜到了，小丽替小红签收了快递。小丽拿到快递后发现是最近网上很火的面霜，有点心动想试一试，又觉得小红不在，自己用她的东西会不会不太好。但小丽转念一想，反正两人是室友，用一下也没什么，便拆开快递，自行使用了小红的面霜。

　　等小红回到寝室后，发现自己的面霜已经开封，就问是否是小丽把它打开了，小丽却对小红说自己因为用了她的新面霜，现在脸上刺痛还泛红，嚷着要小红陪她去医院看皮肤科，并让小红赔偿自己的医药费。小红检查面霜后发现这罐面霜已经超过了外包装上标明的使用有效期，便对小丽说自己可以陪她去医院，但小丽是未经自己允许私自使用面霜才导致皮肤出现问题的，自己没有义务赔偿。小丽觉得面霜是小红的，也就是说小红是面霜的主人，那么自己因为小红的东西导致受伤，小红赔偿自己理所当然，更何况自己也算是帮小红"试毒"，小红还应该感谢自己。两人争论不下，不知道到底谁说得有理。

📝 案例分析

首先，根据《民法典》第一千一百六十五条第一款，"行为人因过错侵害他人民事权益造成损害的，应当承担侵权责任"。而本案中，小丽系在小红不知情的情况下自行使用过期面霜才导致受伤，小红不存在过错，无须承担小丽的损失。

其次，小丽受伤是产品过期导致，也就是说是经营者提供的商品导致的，根据《消费者权益保护法》第四十九条的规定，"经营者提供商品或者服务，造成消费者或者其他受害人人身伤害的，应当赔偿医疗费、护理费、交通费等为治疗和康复支出的合理费用，以及因误工减少的收入……"同时商家的做法还属于侵权行为，根据《消费者权益保护法》第四十八条的规定："经营者提供商品或者服务有下列情形之一的，除本法另有规定外，应当依照其他有关法律、法规的规定，承担民事责任：（一）商品或者服务存在缺陷的；……（五）生产国家明令淘汰的商品或者销售失效、变质的商品的；…… 经营者对消费者未尽到安全保障义务，造成消费者损害的，应当承担侵权责任。"

由上述规定可知，小丽所主张的医疗费等费用，应该由商品经营者来承担。同时，小红还可以要求商家等价赔偿自己购买面霜所花费的金额或要求商家重新发符合质量要求的货品。如果商家拒绝赔偿，可以通过向有关行政部门投诉或向有管辖权的人民法院提起诉讼等法律途径来解决此事。

11

私自开拆、毁弃同学邮件，会承担什么责任？

📖 案情简介

　　谢某和马某是某学院的同学，两人同住一间宿舍。某日，谢某的男友从外地寄来一封信，信放在学院的传达室。马某经过传达室，看见谢某的信后，即想帮她拿上去。半路上，马某出于好奇，想知道信里到底写了什么，就私自将信拆开，看见是一封情书，心想如果被谢某知道一定会朝自己发火。于是，马某干脆就将该信撕得粉碎，丢在路边的垃圾箱内。不久，谢某知道了此事，遂问马某，但马某拒不承认，还讲了些极其难听的话。对此，谢某感到很愤慨，选择报警。

　　鉴于马某以前并没有类似的行为，这次是出于好奇而为之，属初犯。经过教育，她也意识到自己的错误，并向谢某进行了诚恳道歉；纵观全案，马某的行为尚属情节轻微，也未造成严重后果；公安机关对马某予以从轻处理，作出了罚款500元的治安管理处罚。

📝 案例分析

本案中，马某主观上因出于好奇而偷看了同学的信件，客观上实施了私自开拆、隐匿、毁弃他人邮件的行为；已经侵犯了他人财产权利，违反了治安管理规定。

根据《治安管理处罚法》第四十八条的规定，"冒领、隐匿、毁弃、私自开拆或者非法检查他人邮件的，处五日以下拘留或者五百元以下罚款"。如果情节严重，符合《刑法》第二百五十二条的规定，构成侵犯通信自由罪，应处1年以下有期徒刑或拘役。需要强调的是，如果是邮政工作人员利用职务的便利，私自开拆或者隐匿、毁弃邮件、电报的，应按照《刑法》第二百五十三条的规定，处以2年以下有期徒刑或拘役。

12
发红包发错了人，还有权要回来吗？

案情简介

一天中午，小帅请同寝室的同学小明帮忙带饭，并以微信红包的形式把饭钱转给了小明。结果，晚上临睡前，小明嘱咐小帅："小帅，中午的饭钱别忘给我转一下哈！"小帅心里纳闷，不是已经转过了吗，结果一查微信才发现自己的红包发错了人。原来，同学小美的微信头像和小明的很像，微信名也很像，小帅一不小心把红包错发给了小美，而且小美也已经领取了红包。那么，小帅怎样才能把钱要回来呢？

案例分析

通过社交软件发红包给他人，属于个人赠与行为，但赠与行为的产生，应以真实意思表达为前提。如果微信红包属于"错发"，本意并非赠与，那么收款人不能因为对方的错误而获得款项。对于收款人而言，没有合法根据取得利益而使他人受损失，属于不当得利。《民法典》第九百八十五条规定："得利人没有法律根据取得不当利益的，受损失的人可以请求得利人返还取得的利益，但是有下列情形之一的除外：（一）为履行道德义务进行的给付；（二）债务到期之前的清偿；（三）明知无给付义务而进行的债务清偿。"本案例中，小美不存在收取小帅转账的法律根据，小帅的错误转账有权要回。

首先，可以与对方沟通。小帅可以和对方取得联系，与之沟通讲清楚后，请对方把钱退回。其次，让客服与对方沟通。若对方坚决不退钱，也可以拨打客服电话，向客服咨询求助。最后，走司法途径。如果尝试了以上两种方法对方仍拒不退还，可以保存好微信转账记录和银行卡交易明细，以不当得利向法院起诉对方。

同时，再分享一个可以防患未然的小妙招：大家可以设置微信转账延时到账，为我们报警处理或者联系微信客服处理错误转账赢得一定时间，保障自己的财产安全。

13

好心救助同学却导致其受伤，该担责吗？

📖 案情简介

　　小李在食堂买饭时突然晕倒在地。当时正在打饭的小帅见状急忙施救，为小李做了心肺复苏。小李苏醒后，被赶来的救护车送往医院。小李的父母向医生询问后得知，因小李患有骨质疏松，多根肋骨在做心肺复苏中被压断，右肺挫伤。出院后，小李向小帅提起诉讼，要求赔偿。小帅认为，自己施救虽然压断了小李的肋骨，但是挽救了他的生命，不应当赔偿。那么，好心救助小李却给小李造成了伤害的小帅，应当承担责任吗？

📝 案例分析

　　首先，本案中的小帅作为见义勇为者不需要对小李承担赔偿责任。《民法典》第一百八十四条规定："因自愿实施紧急救助行为造成受助人损害的，救助人不承担民事责任。"这里所说的自愿实施紧急救助，也就是我们日常说的见义勇为。鼓励见义勇为、助人为乐，有利于培育和践行社会主义核心价值观，不断激发全社会明德惟馨、崇德向善的内生动力。

本案例中小帅作为见义勇为者，无须承担赔偿责任，这也是《民法典》对见义勇为者的保护。此外，民法典还对见义勇为者受到损害的情况进行了规定，如第一百八十三条规定了侵害人的赔偿责任和受益人的补偿义务，"因保护他人民事权益使自己受到损害的，由侵权人承担民事责任，受益人可以给予适当补偿。没有侵权人、侵权人逃逸或者无力承担民事责任，受害人请求补偿的，受益人应当给予适当补偿"。

相较于补偿受救助人受到的损害，鼓励见义勇为体现了更高的社会价值。因此，《民法典》作出见义勇为者不承担责任的价值判断，彰显了通过在社会成员之间分配风险来构建良善社会秩序的法治精神，为建设更高水平的平安中国、法治中国汇聚强大正能量。

14

为什么说应谨慎使用信用卡进行超前消费？

📖 案情简介

小张在本科就读期间，在他人推荐下办理了一张信用卡，在校期间用于日常消费，毕业后未再使用。三年后，小张在办理个人住房贷款查询征信报告时，发现存在一笔不良信用记录，影响贷款，而产生该笔不良记录的原因，正是小张使用该信用卡取现200元逾期未还。

原来，小张在最后一次使用该信用卡取现购物后，就未再进行还款。恰逢毕业季，小张又很快更换了手机号码，这张信用卡也未再使用。工作后的小张，办了新的银行卡使用，完全忘了之前办的那张信用卡。

✏️ 案例分析

当前，由于信用卡等信贷产品种类繁多、容易获取，在使用信贷产品进行消费时，容易产生"不用自己花钱"的错觉，买起东西毫不手软，超前消费欠下高额"应还账款"。大学生群体没有固定收入，面对信用卡账单，一些大学生会通过家长资助偿还贷款；还有部分大学生则通过"拆东墙，补西墙"的方式偿还贷款，即同时持有多张信用卡，用其他信用卡"套现"偿还已经逾期的信用卡，最终陷入信用卡债务危机，无力偿还贷款。

大学生在金融风险意识不足的情况下，很可能由于过度借贷进行消费而导致无法及时偿还信用卡账单。信用卡逾期未还，会产生高额的利息和滞纳金，同时对个人征信也会造成影响，损害自身的征信记录。而个人征信记录和日常生活息息相关，如果有不良行为被列入征信，可能面临无法正常办理银行相关业务，无法正常购买飞机票、高铁动车票等，对生活造成诸多不便。

此外，若存在恶意透支的情况，符合《刑法》第一百九十六条的规定，还可能涉嫌构成信用卡诈骗罪，受到刑事处罚。所谓恶意透支，是指持卡人以非法占有为目的，超过规定限额或者规定期限透支，并且经发卡银行催收后仍不归还的行为。

因此，大学生在使用信用卡时应注意做到以下几点：一是要树立正确的消费观，根据自己的预期收入，理性消费；二是要遵守信用卡领用相关协议，按时还款，维护自己的良好信誉。

此外，大学阶段正是大学生养成良好消费、理财习惯的重要时期，很多学生进入大学才开始正式自己管理生活费；为了财产安全和健康成长，在没有形成健全的消费和理财观念前，不建议大学生朋友使用信贷产品进行超前消费。

15

找"枪手"替自己写毕业论文，会有什么后果？

案情简介

本科生小乐做毕业设计时企图通过网购的代码完成论文部分实验结果，他从网上找到一名"枪手"小何，要求小何替自己做项目，做完以后说这是自己的毕业设计，后小乐和"枪手"小何之间因报酬问题发生争议，"枪手"小何遂向小乐所在学校寄出一封举报信。

经学校调查，小乐的行为被认定为学术不端，给予小乐留校察看一年处分，取消其研究生推免资格。

案例分析

《高等学校预防与处理学术不端行为办法》中规定，学术不端行为是指高等学校及其教学科研人员、管理人员和学生，在科学研究及相关活动中发生的违反公认的学术准则、违背学术诚信的行为。

《教育部办公厅关于学习宣传和贯彻实施〈高等学校预防与处理学术不端行为办法〉的通知》中指出，治理学术不端行为是一项系统工程，需要从源头抓起、标本兼治。各高校要大力推进学术民主、保障学术自由，建立学术诚信、学术规范的教育制度和科学公正的学术评价、学术发展制度，营造鼓励创新、宽容失败、不骄不躁、风清气正的学术环境。要按照预防为主、教育与惩戒相结合原则，健全学术不端行为的预防与处理机制，对于轻微的学术失范行为，要及时进行批评教育；对于构成学术不端行为的，要坚决依法依规严肃查处。

2013年1月1日施行的《学位论文作假行为处理办法》（中华人民共和国教育部第34号令）第七条规定："学位申请人员的学位论文出现购买、由他人代写、剽窃或者伪造数据等作假情形的，学位授予单位可以取消其学位申请资格；已经获得学位的，学位授予单位可以依法撤销其学位，并注销学位证书……"

学风是高等学校的立校之本，学术诚信是学术创新的基石，学术不端行为是对学术诚信的严重背离和对学风的重大伤害。代写论文、代做毕业设计不仅是一种懒惰，也突破道德底线，是一种弄虚作假行为。学术不端行为一经发现，学生将面临严肃处理，付出惨重代价。大学生应树立正确的三观，认识到学术诚信的重要性和学术不端的危害性；对所获学位和学生身份负责，用一篇合格的学位论文为自己的大学生涯画上一个圆满的句号。

16

代替他人考试或让他人代替自己参加考试，都会构成犯罪吗？

📖 **案情简介**

2018年10月，大学生小凯为了顺利考上研究生，通过他人介绍联系到"学霸"小亮，想让小亮代替自己参加2019年全国硕士研究生招生考试，事成之后自己支付给小亮3万元报酬。小亮觉得自己近期正好有时间，事成之后的回报也还可以，于是答应代替小凯去参加研究生招生考试。但在考试过程中，小亮的替考行为很快被监考人员发现。被发现之后，小凯意识到了自己的错误，主动向公安机关投案，并如实供述了找人替考的事实。小亮也感到后悔，对自己替他人考试的行为进行了如实供述。

之后，经过法院判决认为：被告人小凯让被告人小亮代替自己参加研究生招生考试，二被告人的行为均已构成代替考试罪。鉴于小亮具有如实供述自己罪行的从轻情节，小凯具有自首的从轻情节，决定对二人予以从轻处罚。综合考虑案件具体情况，以代替考试罪分别判处被告人小亮拘役一个月，罚金人民币1万元；被告人小凯拘役一个月，罚金人民币8000元。该判决已发生法律效力。

📝 案例分析

本案中，大学生小凯为了顺利考上研究生，找小亮替他考试，这种行为违反了我国《刑法》的相关规定，最终被发现；而小凯、小亮两人都因此构成代替考试罪并受到了相应处罚。根据我国《刑法》第二百八十四条之一第四款规定："代替他人或者让他人代替自己参加第一款规定的考试的，处拘役或者管制，并处或者单处罚金。"所以，不管是替考还是找人替考的行为，都会触犯我国刑法，构成代替考试罪。

作为学生，应正确认识和对待考试，以自身行动维护和捍卫考试公平。通过努力学习去掌握更多的知识，收获自己满意的考试结果、走好自己的人生道路。在面对各种考试的时候，尤其要遵守考场规则，服从考务工作人员管理，不要有违纪、作弊等行为，否则，按照《教育法》以及《国家教育考试违规处理办法》等规定，将会受到相应处理，并将记入国家教育考试考生诚信档案。而行为涉嫌违法的，还会被移送司法机关，依照《刑法》等法律法规追究相应法律责任。

17

拾得他人遗失的校园卡并盗刷，是否构成盗窃罪？

📖 **案情简介**

小王用校园卡在开水机接完热水后忘记拔出，随即离开热水房。小李发现了小王遗忘的校园卡，将校园卡从开水机上拔走，本想交到学校的失物招领处，但转念一想，反正也没人知道是自己捡到的，不如自己先拿来买点水果。于是，出于侥幸心理，小李拿着小王的校园卡频繁出入学校的超市、食堂、小卖铺等场所进行消费，盗刷校园卡金额274元。卡内余额不足1元后，小李将小王的校园卡丢弃在垃圾桶内。

学校保安处从超市调出了监控录像，经过辨认，查找到小李。保安处人员告诉小李，根据《民法典》第三百一十四条的规定，"拾得遗失物，应当返还权利人。拾得人应当及时通知权利人领取，或者送交公安等有关部门"。经过教育，小李承认错误，表示非常悔恨自己的错误行为，并积极退还全部盗用金额；学校根据本校《违纪处分暂行规定》对小李给予记过处分。

📝 案例分析

拾得他人校园卡进行盗刷，导致他人财物受损，违反了《治安管理处罚法》第四十九条的相关规定，构成盗窃行为；如果盗用金额较大，还可能构成犯罪。

我国《刑法》第二百六十四条规定："盗窃公私财物，数额较大的，或者多次盗窃、入户盗窃、携带凶器盗窃、扒窃的，处三年以下有期徒刑、拘役或者管制，并处或者单处罚金；数额巨大或者有其他严重情节的，处三年以上十年以下有期徒刑，并处罚金；数额特别巨大或者有其他特别严重情节的，处十年以上有期徒刑或者无期徒刑，并处罚金或者没收财产。"《最高人民法院、最高人民检察院关于办理盗窃刑事案件适用法律若干问题的解释》第一条规定，盗窃公私财物价值一千元至三千元以上应当认定为刑法第二百六十四条规定的"数额较大"。因此，若本案中的盗刷金额达到1000元，即达到盗窃罪的立案标准。

应该认识到，在生活中拾得遗失物后归还失主，不仅是个人良好品质的体现，也是现行法律的明文规定。各位大学生朋友如捡到他人的校园卡，应尽快联系失主予以归还；若难以联系到卡的主人，可以交给学校的校园卡管理中心、失物认领处等相关部门。

18

"打赏"主播又后悔，还能否要回？

📖 案情简介

大学生小张下载了某语音直播软件，在浏览该直播软件时，与一名主播小琳结识，在多次充值给小琳送礼物后，小张和小琳互相加了微信，随着频繁的聊天互动，小张对小琳的好感逐渐升温，此后，两人发展为恋人关系。确立情侣关系之后，小张激动坏了，省吃俭用，用自己打工兼职赚来的工资"打赏"了小琳3万元。可没过多久，小张就发现现实生活中的小琳其实早就有男友；他顿时恼羞成怒，向小琳讨要说法，并索要之前打赏给小琳的那3万元。被小琳拒绝后，小张向法院提起诉讼。

法院审理认为，"打赏"在法律上属于赠与行为，本案属于赠与合同纠纷。赠与是一种双方法律行为，一般而言，赠与人发出赠与的要约，受赠人表示接受，赠与行为即发生法律效力。根据《民法典》第六百五十八条的规定，"赠与人在赠与财产的权利转移之前可以撤销赠与。经过公证的赠与合同或者依法不得撤销的具有救灾、扶贫、助残等公益、道德义务性质的赠与合同，不适用前款规定"。小张作为完全民事行为能力人，其实施的赠与行为是完全有效的，且并不具有法定的撤销赠与事由。法院不予支持小张要求返还打赏金额的请求。

📝 案例分析

一些人在浏览网络直播平台时，会通过向主播刷礼物"打赏"来表达自己对主播的支持或喜爱。网络主播在直播中发出赠与其礼物的"要约邀请"，即让观众赠送礼物。观众如果接受其要约邀请，并打赏礼物或者金钱即代表发出赠与要约，网络主播表示接受，赠与行为就生效。生效的法律行为对当事人具有法律拘束力。

一般而言，成年人在没有受到欺诈、胁迫情况下实施的"打赏"行为是具有法律效力的，一旦"打赏"行为实施完毕，则无权要求对方返还。本案中，小张作为一名大学生，已年满18周岁，其基于爱慕之心自愿赠与小琳财物，在财物已经交付给主播小琳的情况下，小张不具有任意撤销权。虽然小张对主播小琳是否单身存在错误认识，但这一错误认识并不是对其赠与行为的性质、内容和主体等方面的错误认识，不构成民法上的"重大误解"，不影响赠与行为的法律效力。

作为完全民事行为能力人，大学生要为自己的行为负责，在网络直播平台进行"打赏"应控制在自己的经济能力承受范围之内。在虚无缥缈的网络背后，但凡牵涉财物往来，一定要"三思而后行"。

19

在校园内网上传影视作品供传播和下载，构成侵权吗？

📖 案情简介

　　某大学学生将某视频网站公司拥有信息网络传播权的影片上传至学校网站的网盘进行传播和下载，该视频网站公司发现后，将学校告上法院。校方辩称，本案侵权主体错误，学校仅是该系统的提供者，涉案视频均是学生自己创建群组，自己上传，完全自治；学校建立该网盘是为学生学习交流提供便利，主观上没有任何侵权的故意。该视频网站公司方则指出：信息网络传播权是指以有线或者无线方式向公众提供作品，使公众可以在其个人选定的时间和地点获得作品的权利；该学校在其网站上向公众提供本公司享有信息网络传播权的电影、电视剧的传播和下载功能，侵犯了本公司的合法权益。经法院判决，该大学向该视频网站公司赔偿了10.98万元。之后，学校向该大学生进行了追偿。

📝 案例分析

校园内网播放影视版权作品究竟是否侵权？

根据《著作权法》第二十四条第一款第六项的规定，学校为了教学或科研，播放或少量复制已发表的作品，供少数教师或科研人员使用，可以不经著作权人许可、不向其支付报酬；但这不能片面地认为只要是为了教学目的就构成合理使用。合理使用必须有一定的使用方式和使用量的限制，不得不合理地损害著作权人的合法权益。具体到本案例中，涉案高校的大学生是将整部电影上传并传播，且传播范围不可控，甚至部分校外人通过人际关系等手段也能进入校园网获取涉案视频，已经超出了合理使用的界限。

切莫将校园内网视为法外之地。在未经授权的情况下，在局域网内传播影视作品，若超过了合理使用的界限，就会构成对于权利人的信息网络传播权的侵犯，并将为此承担法律责任。

20

在视频网站投稿影视解说短视频，构成侵权吗？

📖 案情简介

　　小帅很喜欢看电影，也很擅长进行短视频的拍摄和剪辑，同学们看过他创作的短片都赞不绝口，于是小帅就在某视频网站定期投稿更新。小帅截取了大量的影视作品的画面，并配上解说在视频网站发布。他的解说生动有趣，配乐也能调动视频观看者的情绪，这种对影视剧素材的重组和诠释的形式很受视频网站用户喜爱，短短一个月，粉丝数量就突破了一万人。结果，没多久小帅就收到了版权方的一纸诉状，他很疑惑，自己怎么就侵权了呢？

✏️ 案例分析

　　根据《著作权法》第二十四条第一款第二项规定，为介绍、评论某一作品或说明某一问题，可以在不经著作权人允许、不向其支付报酬的情况下，在作品中适当引用他人已经发表的作品；但应当指明作者姓名或名称、作品名称，并且不得影响该作品的正常使用，也不得不合理地损害著作权人的合法权益。所以如果小帅只是对影视作品进行单纯的介绍或评论，是没有问题的。但是，小帅为了迎合观众获取剧情、剧照等内容的需求，过度使用截图；这些截图系剧集中具有独创性表达的内容，是能反映与掌握剧集的完整内容的；这显然不属于前述第二十四条规定的合理引用。且相关的影视作品仍处于著作权保护期内，所截取的画面，并不是进入公有领域的创作元素。而小帅未经拥有独家信息网络传播权者的许可，就自己上传至视频网站提供影视作品的连续图集，基本涵盖该影视作品的主要画面和全部情节。这种行为影响到了影视作品的正常播放和使用，构成了侵权。

21

在餐馆吃饭时财物被盗，店主是否应当赔偿？

案情简介

小帅与同学在某饭店就餐时，将自己随身携带的背包放在餐桌旁的一张空椅子上。当吃完饭小帅准备取包埋单时，却发现自己装有手机、钱包等财物的包丢失了。小帅马上与饭店负责人交涉，认为东西是在饭店丢的，饭店应当赔偿自己丢失财物的损失。可饭店负责人称：饭店内的墙壁贴有"请顾客注意保管随身携带的财物，如有遗失，本店概不负责"的声明，因此饭店已经尽到了提醒顾客的义务，不应对小帅丢失的包负责。那么，在饭店用餐时背包被人偷走，饭店应当赔偿吗？

案例分析

根据我国《消费者权益保护法》第十八条第二款的规定，宾馆、商场、餐馆、银行、机场、车站、港口、影剧院等经营场所的经营者，应当对消费者尽到安全保障义务。同时，《民法典》第一千一百九十八条第一款也规定："宾馆、商场、银行、车站、机场、体育场馆、娱乐场所等经营场所、公共场所的经营者、管理者或者群众性活动的组织者，未尽到安全保障义务，造成他人损害的，应当承担侵权责任。"也就是说，经营者在为消费者提供商品和服务时，有保障消费者人身、财产安全的义务。但这并不意味着任何经营者都必须对顾客随身携带的物品承担保管义务。安全保障义务内容的确定应限于经营者管理和控制能力的合理范围之内，如饭店应保证食品安全、体育场馆应保障设备安全，等等。具体到本案中，背包放在小帅座位旁边，小帅相对于饭店老板更有能力看顾好背包；且饭店对保管财物安全做了警示，已经尽到其合理的安全保障义务，因而无须承担赔偿责任。

但值得注意的是，饭店等公共场所一般会配有监控摄像头。所以各位同学外出游玩或就餐时，要记得看管好自己的财物；如果不幸遗失，可以请场所管理人员协助寻找，或者寻求警方帮助。

22

聚餐饮酒后骑车受伤，共同饮酒者都要担责吗？

案情简介

为了庆祝同寝室的六人均考上研究生，小帅和室友们相约去吃饭庆祝，吃饭期间，六人共同饮酒，就餐结束后，他们还相约去唱歌。小帅起身时有些脚步不稳，但表示自己骑了电动自行车可以先行前往，其余五人未加劝阻，表示他们步行，随后就到。结果小帅因为饮酒过量，骑电动自行车行驶时不慎掉进了路边正在施工的坑里，造成了右臂骨折。事后，小帅的父母认为其余五人明知小帅醉酒，仍然放任小帅骑车单独前往，五人均要承担赔偿责任。那么与小帅共同饮酒的其余五人都要负赔偿责任吗？

📝 **案例分析**

　　本案例中，小帅作为完全民事行为能力人，应当具有自我保护意识，聚餐时应根据自己的酒量大小等实际情况适度饮酒，并应当预见酒后骑电动自行车的风险，但其却将自己置于危险状态，这是其事故发生的直接原因，小帅应对自身损害承担主要责任。其次，小帅的五位室友作为小帅的共同饮酒人，应当照顾醉酒的小帅，但他们五人却未劝阻或护送，对事故的发生具有一定的过错。依据《民法典》第一千一百六十五条的过错责任原则，应承担相应的赔偿责任。

　　同学之间聚会饮酒是一种情谊行为，同饮者应当相互之间负有适当的安全注意义务，对其他共同饮酒者不能恶意劝酒、灌酒、诱酒、迫酒、斗酒、拼酒等；由饮酒这一先行行为引起后来的醉酒危险状态，共饮人负有在喝酒过程中提醒、劝告，在喝酒后护送、通知、照顾等义务。

23

网购商品造成人身伤害时，可以要求店家赔偿吗？

案情简介

　　陈同学在网上购买了一件卫衣，试穿后便挂在衣柜中。结果第二天发现衣柜及家中地面上出现了很多蚂蚁，陈同学自己身上也开始出现红肿、瘙痒等症状。陈同学向店家询问衣服在储存或运输过程中是否出现了问题，网店店主称可能是上一个买家退货时不小心沾染了蚂蚁卵导致。事情发生后陈同学到医院皮肤科进行检查，确诊为虫咬皮炎症，并且陈同学还请了专门人员给家中进行了清洁和消毒。店家虽向陈同学进行了道歉，却并没有提及赔偿，只是说下次会注意，并让陈同学自己把衣服好好洗洗就可以了。

　　对此陈同学表示非常不满，自己因为这件网购的衣服而花费了大量医药费及房间清理费，店家应当作出相应赔偿。

经过几番商议，店家始终不愿赔偿，并且对陈同学进行短信骚扰与威胁。于是陈同学向有关平台及相关部门进行了反馈与举报，最终要回了自己所支付的医疗费及房间清理费。

📝 案例分析

如今网购已是常态，但消费者在网购时往往无法在到货前就亲眼看到商品的材料、质量等，所以消费者购买商品或接受服务后，可能因商家不合格产品或劣质服务而造成财产以及人身伤害，轻则受皮肉之苦，重则导致残疾甚至死亡。由此引发诸多法律问题。

首先是产品质量及赔偿问题。根据《产品质量法》第四十四条第一款的规定，"因产品存在缺陷造成受害人人身伤害的，侵害人应当赔偿医疗费、治疗期间的护理费、因误工减少的收入等费用；造成残疾的，还应当支付残疾者生活自助具费、生活补助费、残疾赔偿金以及由其扶养的人所必需的生活费等费用；造成受害人死亡的，并应当支付丧葬费、死亡赔偿金以及由死者生前扶养的人所必需的生活费等费用"。

其次是消费者权益问题。《消费者权益保护法》第七条第一款规定："消费者在购买、使用商品和接受服务时享有人身、财产安全不受损害的权利。"第四十条第一款规定："消费者在购买、使用商品时，其合法权益受到损害的，可以向销售者要求赔偿。销售者赔偿后，属于生产者的责任或者属于向销售者提供商品的其他销售者的责任的，销售者有权向生产者或者其他销售者追偿。"

综上所述，消费者在购买及使用商品的过程中人身安全等合法权益受到损害的，有权要求赔偿；所以陈同学要求店家对其所支付的医疗费及房间清理费进行赔偿是完全合理的。

24

"代购"半年却等来了"山寨货"，该怎么索赔？

📖 案情简介

　　老李经常在某平台发布图文，称自己长期代购知名品牌限量款球鞋等，不仅能抢到限量款而且价格比专卖店便宜，"鞋狗"小帅对此心动不已。老李对小帅说自己有特殊的进货渠道，所以才能拿到限量款，而且保证百分之百正品，所有商品均支持验货。在老李劝说下，小帅通过该平台与老李达成交易，共购买了四双限量款球鞋。老李借口说自己出售的球鞋是"海外渠道拿货"，所以要等一段时间，小帅觉得可以接受，便耐心等了半年。拿到手后，小帅发现球鞋不仅做工粗劣，还有些脱胶，就要求老李说明情况，没想到老李对小帅一番辱骂，并将其联系方式拉黑。此时小帅才意识到自己上当了。经专柜验证，小帅从老李处购买的所有球鞋全部为"山寨货"。

📝 案例分析

本案例中，小帅通过某平台与老李达成交易，双方存在真实的网络购物合同。但小帅是以球鞋系相应品牌正品为前提进行购买，老李所售球鞋虽然声称是正品，但其不能证明其所销售货物的正规进货渠道，也不能提供有效证据证明鞋为正品。小帅拿到的商品存在明显的质量瑕疵，且已经专柜验证为赝品，故可以认定老李的行为构成欺诈。根据我国《消费者权益保护法》第五十五条的规定，经营者提供商品或者服务有欺诈行为的，应按照消费者的要求增加赔偿其受到的损失，增加赔偿的金额为消费者购买商品的价款或者接受服务的费用的3倍；增加赔偿的金额不足500元的，为500元。所以老李应赔偿小帅相应货款以及因维权而支付的必要费用。

现实生活中，网络购物、"代购"等已经相当普遍，上当受骗的也不少。作为消费者，应当谨记：网购有风险，下单需谨慎。无论何种购物形式，都应认真核实商家信息，注意保存交易凭证，对于明显违背交易常识的情况（如明显的低价、大规模地发售限量款货物等）保持警惕之心。

25
为什么说不能利用电商退货规则漏洞，在网上"薅羊毛"？

📖 案情简介

2020年7月，小聪在网上认识了网友毛毛。之后，毛毛借用小聪的某平台账号买东西，如买瓶1000元的香水，就先给小聪转账1000元，等小聪埋单完毕，毛毛又给小聪发来"感谢费"300元。借用账号帮忙付个款就得几百元钱，小聪感觉"真香"！之后，他主动从毛毛那里学习了方法，开始"自己干"！他通过不正当途径低价购买了十几份假冒某品牌的运动手表，然后在某平台下单寄到某驿站，并以每块手表近1000元的价格支付了全款。到货后，小聪联系"跑腿"取回货物，并用自己事先准备好的假货掉包，利用某平台的"急退"功能退了假货。然后小聪把真货卖出去，轻松赚取了很多钱。小聪还叫上自己的同学兼发小小李，邀上小黄从江苏乘飞机到成都"开发新市场"，之后又收了小王作为徒弟。小聪和徒弟们通过"捷径"，非法获利百万余元，光小聪个人就赚了近50万元。小聪自以为很聪明，做得神不知鬼不觉，却不知自己已触犯法律。在大数据时代，自以为的聪明，只会误了自己。

最终，小聪、小李、小黄、小王被法院以诈骗罪、传授犯罪方法罪等分别判处有期徒刑五年至有期徒刑三年（缓刑三年）不等，并处罚金的刑罚。

📝 案例分析

"薅羊毛"通常指的是消费者用商家的一些优惠政策，以相对较低的成本在规则内获得一些"便宜"的购物技巧。互联网时代，年轻人也往往会热衷于网上"薅羊毛"，但是，如果是利用了电商退货规则上的漏洞等，通过下单之后退假货，或是不退货等方式，企图偷偷摸摸占互联网平台的便宜，骗取达到一定金额，就有可能涉嫌诈骗犯罪，会受到刑法的处罚。案例中，小聪自以为很聪明，用退假货的方法占平台的"便宜"，其实是违法的。小聪还叫上自己的同学，收徒弟等，像做生意一样"开发新市场"，实际上是传授犯罪方法。根据我国《刑法》第二百六十六条、第二百九十五条，最终被以诈骗罪、传授犯罪方法罪判处有期徒刑并处罚金的刑事处罚。因此，年轻人一定要脚踏实地，不要想着投机取巧，获取不义之财。

26

贵重物品在邮寄过程中丢失，应该怎么办？

📖 案情简介

  毕业季，大四学生小王将价值1万余元的电脑和价值6000多元的单反通过快递公司邮寄回老家A市。快递员给了小王一份空白的快递单，并让小王在空白快递单上快点签字，自己要赶紧接下一个业务单子。小王在快递员的催促下，匆匆忙忙签了字。其实，这份空白快递单正面发件人须签名的地方上一行写着"您的签名意味着您已阅读并接受背面的合同条款"，背面合同条款中写着："未保价的快递赔偿最高金额为300元。凡申报价值超过300元的快件，本公司将在原收费标准的基础上，按申报价值增收5%的保价费，并以实际收费时认定的申报价值的实际损失酌情予以赔偿，但最高不超过其报价额。"快递员虽然看见小王的邮寄物品是电脑和单反，但是为了赶业绩，赶进度，没有告诉小王应该保价，更没有提醒小王细看空白快递单后面的条款。

后来，该电脑和单反在邮寄过程中丢失，小王想让快递公司赔偿，快递公司会赔偿吗？

📝 案例分析

邮寄已成为我们大多数人生活中的重要事情。但在邮寄的时候，丢失快递的情况也时有发生。遇到上述情况，尤其是丢失贵重物品时，我们应保持冷静，分析自己是否为物品保价，邮递员是否提醒自己为贵重物品保价等，如何通过合法途径维护自身权益。

根据《民法典》第四百九十六条，格式条款是当事人为了重复使用而预先拟定，并在订立合同时未与对方协商的条款。采用格式条款订立合同的，提供格式条款的一方应当遵循公平原则确定当事人之间的权利和义务，并采取合理的方式提示对方注意免除或者减轻其责任等与对方有重大利害关系的条款，按照对方的要求，对该条款予以说明。提供格式条款的一方未履行提示或者说明义务，致使对方没有注意或者理解与其有重大利害关系的条款的，对方可以主张该条款不成为合同的内容。

在上述案例中，快递单背后的合同条款是格式条款，快递员应该尽充分告知的义务。但是，快递员在看见小王的贵重物品后，只是让其在签名字处签字，并未告知快递单背后的相关内容。因此，小王可以以快递员未充分告知格式条款内容为由，主张该条款不成为合同内容，并要求快递公司按照邮寄物品的实际损失进行赔偿。

27

如果同学借了钱不还，该怎么办？

📖 **案情简介**

　　小周最近有点烦，有个原本关系还不错的同学借了自己的钱后貌似不想还钱了。自己催了几次，不仅钱没催回来，现在这位同学干脆不理会他发的消息了。

　　原来，小周有一个同学小郑，一年之前说家里有事着急用钱，向小周借6500元钱，三个月内就还。小周觉得大家都是同学，而且关系处得也还行，没仔细考虑就把钱借给他了，当时也没有签订借款合同。半年后，小周提醒他还款的时候发现对方不想还钱，不管小周怎么说，小郑就只说他没钱。催要一段时间以后，小周发现小郑连他的消息都不回了。

　　小周考虑到同学友谊把钱借了出去，没想到后面却碰到这种事，他感到很苦恼，想找几个人一起约小郑出来"聊清楚"，不行就报警来解决此事。你们觉得小周应该怎么办呢？

📝 案例分析

同学之间借钱不还，首先要尽量避免起直接冲突，应该多想办法去解决问题。小周可以再在私下多做一些沟通，请共同好友或老师帮忙调和，若无果，则寻求法律途径解决。一方面，可以向辖区派出所进行报警处理，借助警方公信力威慑对方积极还款。但也要明白，借款纠纷属于民事纠纷，警方只能帮助调解。遇上"顽固分子"，则需要通过诉讼解决。

此时需要注意以下几方面要点：一是收集和固定证据。这些证据主要包括三个方面。首先是能够认定借款性质的证据，如对方在借钱时明确使用"借"字，或者虽未明说"借"，但有提及何时归还、如何归还等；其次是已经向对方交付借款的证据，如网络转账记录、银行卡流水记录，或者对方出具的收条；最后还要有向对方主张债权，即要求对方还款的证据，这主要是为了避免对方以诉讼时效已过为由进行抗辩。二是准确提供对方个人信息（包括姓名、身份证号码等）、明确具体诉讼请求、列明证据及相应证明事项。

如果在法院判决后，对方有能力或者有部分能力支付欠款而拒不支付的，或者通过转移、隐藏财产等方式逃避履行的，那就触犯了刑法，涉嫌构成拒不执行判决裁定罪，被追究刑事责任，就有可能会坐牢了。当然，欠款还是可以凭借生效判决通过申请强制执行收回。

所以，无论是朋友、同事，还是亲戚，若要借钱给对方最好还是跟对方签订一份正式合规的借款协议，列明借款性质、借期等，让对方签署姓名、身份证号，尽可能避免后续的争端。如果不方便签协议的话，应当保存好聊天记录、转账凭证等相关证据以便自己在法律上获得支持。

校园安全篇

28

因就医导致个人隐私被泄露且造成损害，可以请求赔偿吗？

📖 **案情简介**

大学生小美一直对自己的鼻子不太满意，希望通过整形手术改善自己的外貌以带来自信，没想到，整形手术后发生的事却给自己带来了更多的烦恼。小美选择的整形手术医院，把小美隆鼻前后的照片进行扩印，并自行摆在医院的显眼位置当起了广告。由于医院没有对照片中小美的面部进行处理，小美的同学都知道她做了隆鼻整形手术。小美因此面临极大的精神压力，患上了抑郁症。

小美认为，该整形医院在未征得她同意的情况下，为创造经济效益而将其肖像和隐私公布于众，严重侵犯了她的合法权益；于是向该整形医院提出索赔。但医院认为这些整形前后的照片都是事实，医院无须向小美支付赔偿。在与院方协商未果的情况下，小美向法院起诉该医院要求其公开赔礼道歉、消除影响并赔偿精神损害抚慰金5万元。经法院调解后，双方达成调解协议，整形医院向小美赔礼道歉并赔偿精神损害抚慰金1万元。

📝 案例分析

我国《民法典》第一千零三十二条规定，"自然人享有隐私权。任何组织或者个人不得以刺探、侵扰、泄露、公开等方式侵害他人的隐私权。隐私是自然人的私人生活安宁和不愿为他人知晓的私密空间、私密活动、私密信息。"此外，《医师法》《医疗机构病历管理规定》等法律及行政法规都规定了对患者隐私权的保护。医疗机构及其医务人员对基于其职责和诊疗需要在知情权范围内获悉的患者个人隐私负有特定的保密义务，除了法律规定的涉及公共利益以及可能涉及刑事犯罪的隐私，非经本人同意，医疗机构及其医务人员不得以任何理由向第三方透露患者隐私的相关信息。这是对医疗机构以及医务人员职业操守的要求，也是对患者隐私权的保护。

《民法典》第一千二百二十六条还规定，泄露患者的隐私和个人信息，或者未经患者同意公开其病历资料的，应当承担侵权责任。本案中，整形医院以宣传为目的，擅自公开使用能够直接识别小美身份的照片，侵犯了小美的隐私权，并对小美的生活带来困扰，造成其精神损失。对此整形医院应当承担赔偿责任。

29

在学校的论坛和微博等公众平台诽谤同学，要承担法律责任吗？

案情简介

　　小张和小明为大学同班同学。小明不论是学习成绩，还是社交能力，都比小张优秀。同学们提起小明，都会给予高度评价。在一次年度综合评选中，小明的综合成绩排名第一，获得国家奖学金。与此同时，小明英语四级考试考了620分。私底下，很多同学向小明请教学习经验和学习方法，也有部分未通过四级考试的同学让小明分享他的复习心得。小张很嫉妒小明的学习成绩和好人缘，于是在学校的论坛和微博等公众平台公开诽谤小明在期末考试中存在作弊行为，且有盗窃行为，经常偷舍友的衣服和金钱。对于小张的言论，同学表示难以置信，但又觉得无风不起浪，也开始疏远小明。小明为此郁郁寡欢，也有了社交恐惧症，不爱和其他人接触，更不爱和其他人分享自己的事情，生怕身边人再伤害自己。小张的公开诽谤给小明带来很多负面影响，影响了小明正常的大学生活。那么，小明可以通过法律途径维护自己的名誉权吗？小张会因诽谤承担法律责任吗？

📝 案例分析

根据《民法典》第一千零二十四条，民事主体享有名誉权。任何组织或者个人不得以侮辱、诽谤等方式侵害他人的名誉权。名誉是对民事主体的品德、声望、才能、信用等的社会评价。我们国家每个公民都享有名誉权，公民的人格尊严都受法律保护，禁止通过诽谤、侮辱、谩骂等方式损害公民的名誉。

在上述案例中，小张在学校的论坛和微博等公众平台公开诽谤小明考试作弊，导致小明的社会评价降低，对其造成不良影响。小张因为嫉妒心理而发布不实信息的行为已经侵害了小明的名誉权。小明可以通过法律手段维护自己的名誉权，要求小张通过公开道歉等方式澄清事实真相，消除不良影响。

日常生活中，总是有人喜欢背后谈论他人，有些甚至编造不实信息，污蔑、诽谤他人；被诽谤者往往难以通过个人力量为自己恢复声誉；有的人选择忍气吞声，但往往换来的是造谣者的变本加厉、不明真相者的盲目听信。因此，大学生朋友们在遭遇此类事件时，要勇敢拿起法律武器，维护自身合法权益。

30

学生违反规定翻墙出校导致受伤，学校应当负责吗？

📖 **案情简介**

某大学每晚的校园门禁时间为晚上十一点，过了晚上十一点后需要经过宿管或辅导员的同意方可出校。该校大三学生小张与其室友想要在凌晨十二点出校一起为小张庆祝生日，但由于学校有门禁时间规定，无法在十一点后从学校大门外出，所以小张等一行四人就决定趁保安与宿管不注意翻越栅栏出校。

但是在翻越栅栏过程中，因天黑视线不好，加上栅栏顶端有尖头，小张不小心从栅栏上摔了下来，导致多处擦伤及右脚脚踝处骨裂。学校保安及时赶到，将小张送往医院，并将此事上报到小张所在院系及校领导处。校方决定不对小张一行人进行处分，只提交一份书面检查即可。

但小张觉得自己是因为学校门禁时间设置得太早才会选

择翻墙出校，并且自己是学校的学生，学校应该对自己负责，对自己的医疗费及精神损失费进行赔偿。对于小张的要求学校并不认可，认为是小张违反学校规定在先，加之晚上十一点的门禁时间并不属于小张所说的"过早"，所以校方对于小张所主张的各项费用不予赔偿。

案例分析

《民法典》第一千二百条规定："限制民事行为能力人在学校或者其他教育机构学习、生活期间受到人身损害，学校或者其他教育机构未尽到教育、管理职责的，应当承担侵权责任。"第一千二百零一条规定："无民事行为能力人或者限制民事行为能力人在幼儿园、学校或者其他教育机构学习、生活期间，受到幼儿园、学校或者其他教育机构以外的第三人人身损害的，由第三人承担侵权责任；幼儿园、学校或者其他教育机构未尽到管理职责的，承担相应的补充责任。幼儿园、学校或者其他教育机构承担补充责任后，可以向第三人追偿。"

事实上，学生在校期间，学校有义务保障其人身安全。但同时，学校也有权根据校园管理安排自主设置门禁时间。

本案例中，校方设置的门禁时间符合一般认知，应属合理。此外，小张与其室友均已是18周岁以上的成年人，不属于无民事行为能力人或者限制民事行为能力人，应当对校园管理规范和翻越围墙行为的危险性有清楚的认知。小张等四人于门禁期间擅自离校而发生人身伤害或财产伤害，学校在尽到合理保障义务的情况下，不需要承担赔偿责任。这个例子也提示我们，在校期间要遵守校规校纪，不进行危险行为，做好自己人身安全的第一责任人。

31

在宿舍内喂养的宠物咬伤室友，谁来赔偿？

📖 案情简介

　　小张和小王是同寝室的室友，小张喜爱动物，经常投喂校园里的流浪猫。有一天小张突发奇想，将一只经常投喂的流浪猫悄悄抱回了寝室喂养，小王劝阻说在宿舍养宠物违反校规，一旦被发现是要受处分的。小张却不以为意，认为自己把它藏好就行，还让小王不要去告密，随后便找了个纸箱子把猫养在里面。

　　这天小张外出，小王在宿舍睡觉，猫从纸箱子里跳了出来，爬上爬下，还跑到了小王的床上。小王被惊醒，想起身查看，结果猫被突然起身的小王吓到，便开始乱扑乱咬，最终造成小王身上多处贯穿性皮肤咬伤抓伤、开放性伤口、黏膜污染。

　　小王要求小张赔偿自己医疗费、精神损失费、交通费等，小张却觉得小王是因为一惊一乍吓到猫才被抓伤的，且事故发生时自己并不在宿舍，也不是自己指使猫去伤人的，所以不应该赔偿，二人为此争吵不休。

📝 案例分析

首先，作为动物的饲养者，应当首先履行好本人应尽的义务。《民法典》第一千二百五十一条规定："饲养动物应当遵守法律法规，尊重社会公德，不得妨碍他人生活。"

其次，本案例中，小张在宿舍内养宠物已属违反校规，宿舍中还有其他人同住时，更要注意是否存在伤害其他同住人的风险。《民法典》第一千二百四十六条规定："违反管理规定，未对动物采取安全措施造成他人损害的，动物饲养人或者管理人应当承担侵权责任；但是，能够证明损害是因被侵权人故意造成的，可以减轻责任。"不过在本案例中，小王并没有故意逗猫导致猫受惊扑咬，所以不存在小张可以减轻责任的情形。

综上所述，小王要求小张赔偿其相关费用的主张是合理的。以此为例，大学生有爱心、关爱小动物是好事，但也要充分考虑到自己所处的环境是否适合豢养宠物以及擅自养宠物是否会引起一些不良后果。

32

在食堂就餐后上吐下泻，能否要求学校与外包公司赔偿？

案情简介

　　某大学将学生食堂外包给了某餐饮公司，近几日小明在食堂就餐后发现自己开始出现腹泻、腹痛并伴有呕吐的症状，经就医后诊断为饮食不洁所致的急性肠胃炎，小明反复回忆了一下近几天的饮食，发现自己一直是在食堂就餐，所以饮食不洁应该就是食堂所用的食材不新鲜或不干净。

　　小明向辅导员反映了这个问题，辅导员认为每天那么多人在食堂吃饭，大部分人都没有出现问题，可能是小明的个体差异导致患病。但小明觉得既然出现了问题就应该重视，便直接写邮件投到校长信箱，表达了食堂食材不洁并导致自己患病的情况，并提出学校与外包公司应当负相应的责任，赔偿自己因为看病就医而带来的一系列开销。

小明的要求是否合理呢？

📝 案例分析

《民法典》第一百二十条规定："民事权益受到侵害的，被侵权人有权请求侵权人承担侵权责任。"《食品安全法》第四条第二款规定："食品生产经营者应当依照法律、法规和食品安全标准从事生产经营活动，保证食品安全，诚信自律，对社会和公众负责，接受社会监督，承担社会责任。"如果能证实食堂的食品不洁是导致学生患病的主要原因，那么食堂承包方就应当依法承担主要责任。

对于上述案例，首先要证明小明所患急性肠胃炎是因为食堂食物不洁引起的。此外，还要看食堂承包方和校方的劳动关系是怎样的。如果食堂承包方是校内职工，由校方管理，则校方应负主要责任。但如果食堂是承包给校外公司或餐馆的，则该公司承包人或餐馆具有直接过错，校方作为管理方也可能负有连带责任。在食堂完全外包的情况下，校方也可能负有连带责任的原因是：校方有责任保护学生的身心健康。食堂虽然完全外包，但校方是否尽到了保护、监督的责任将成为校方是否负有连带责任的重要因素。

33

电瓶在屋里充电引发火情，要承担法律责任吗？

📖 案情简介

　　小美为了兼职出行方便买了一台电动自行车，一天兼职回来，她像平时一样提着电动车的电瓶想回宿舍充电，门口值班室的阿姨看见了连忙出来询问并阻止。小美无奈只好放弃，心中抱怨阿姨多管闲事，并且盘算着一会儿让同学"掩护"她，悄悄把电瓶带回去充电。

　　这一招果然好用，小美成功把电瓶带回宿舍充上了电。晚上小美一边盘算着最近兼职的收入，一边筹划着近日的论文安排，迷迷糊糊地就睡着了。半夜小美被一阵刺鼻的味道呛醒，睁眼就看到了阳台上的电瓶闪烁着火光，并散出浓烟，此时宿舍的烟雾报警器已经启动，阿姨及时赶来，断掉了宿舍的电源后使用干粉灭火器阻止了火情。

📝 案例分析

《刑法》第一百一十五条第二款规定了失火罪及其相关责任，"过失犯前款罪的，处三年以上七年以下有期徒刑；情节较轻的，处三年以下有期徒刑或者拘役"。校园消防安全是校园安全中极其重要的一部分，小美在阿姨明确制止之后仍悄悄携带电动自行车电瓶在室内充电并且引起火灾，不仅会造成财物损失，更严重的可能危及生命安全，而小美还可能因严重的后果，被追究刑事责任。

消防安全重于泰山，校园人员又很密集，一旦发生火灾，危害十分严重，因此大家在校园生活中应当尤其注意。引起火灾较常见的原因包括私自乱拉电源线路、违规使用电热器具、吸烟乱丢火种、使用电器无人看管、使用大功率电器等。同学们在日常生活中应注意：不要购买"三无"的假冒伪劣的电器产品；认识了解电源总开关，学会在紧急情况下切断总电源；使用电器时应有完整可靠的电源线插头；易燃易爆物，如香水、发胶等应当合理存放，避免暴晒、远离明火。

34

骑共享单车撞伤人，骑车人和共享单车公司谁来担责？

📖 案情简介

小帅骑着共享单车前往图书馆上自习，不慎在食堂门口撞倒了保安张大叔，由于车速太快，张大叔当场就被撞得晕了过去。小帅赶紧拨打120急救电话，将张大叔送往医院，接受住院治疗。该起事故责任认定小帅承担全部责任。张大叔康复出院后，要求小帅和共享单车公司共同赔偿其医疗费、误工费、护理费等各项费用。那么，究竟应该谁来赔偿呢？

📝 案例分析

在这起事故中，如果没有证据证明共享单车公司存在过错，那么应当由小帅来承担责任。因为小帅在骑车时疏忽大意，没能注意观察路况，而且车速过快，导致张大叔被撞倒在地。小帅撞伤张大叔的行为侵害了张大叔的权益，是侵权责任人。小帅的侵权行为直接导致了张大叔不得不住院接受治疗，而且事故责任认定小帅应负全责。根据《民法典》第一千一百七十九条，侵权人小帅对张大叔因人身遭受损害而支出的合理费用应当承担赔偿责任，包括医疗费、误工费、护理费等。

此外，共享单车公司是单车提供方，小帅是共享单车的消费者，双方形成的是租赁关系。作为出租共享单车的公司，其所提供的单车必须符合国家的产品质量规范，并满足基本的安全使用需求。如果小帅撞伤张大叔是因为共享单车的质量问题，则共享单车公司应当共同承担赔偿张大叔的责任。

35
哪些行为属于校园欺凌，遭遇校园欺凌应该怎么办？

📖 案情简介

某技术学院的学生董某、卢某、叶某、王某、韩某，以同学小江人品不好为由，在该校宿舍内对小江采用绑皮带、灌酒、剪头发等方式进行凌辱，并对小江进行殴打。欺凌、殴打行为持续数个小时。直到第二天早上，趁看管的董某睡着，小江才得以逃脱，并向宿管阿姨求救。随后，警方将嫌疑人抓获归案。后经法医鉴定，小江的伤势构成轻微伤。

法院经过审理，作出判决，董某、卢某、叶某被判处有期徒刑一年九个月，韩某被判处有期徒刑一年五个月，王某因情节显著轻微被判处有期徒刑一年，缓刑两年。

✏️ 案例分析

校园欺凌是指同学间欺负弱小、言语羞辱及敲诈勒索甚至殴打的行为等。校园暴力一般是指发生在学校校园内、学生上学或放学途中、学校的教育活动中，由老师、同学或校外人员，蓄意滥用语言、躯体力量、网络、器械等，针对师生的生理、心理、名誉、权利、财产等实施的达到某种程度的侵害行为。

当前，一些大学生对校园欺凌乃至校园暴力的恶劣性质没有明确的认识，认为只是玩笑或者打闹。但事实上，校园欺凌可能涉及《治安管理处罚法》《民法典》甚至《刑法》的相关规定，达到一定标准的，要承担相应法律责任。怎么可能只是过分的"玩笑"呢？

那么，当遇到校园欺凌，我们该如何应对呢？

1.保持镇静，不要惊慌。淡定的态度往往会让对方有所顾虑，从而尽可能拖延时间。必要时，向路人呼救求助，采用异常动作引起周围人注意。

2.人身安全永远是第一位的，不要去激怒对方。当自己和对方的力量悬殊时，要尽量避免暴力冲突，通过理智和有策略的谈话或借助环境来使自己摆脱困境。若难以避免对方暴力行为，要注意保护头、胸等要害部位。

3.遭遇校园欺凌之后第一时间和学校沟通并视情况选择

是否报警，在校方帮助下使用法律的武器来保护自己。

4.尤其要注意，遭遇校园欺凌并非自己的错，千万不要因此怀疑、否定自己。如果出现害怕上学、害怕出门、恐惧社交等心理情况，一定要积极向专业人士寻求帮助。一般来讲，学校都设置心理咨询中心，同学们要关注自己的心理健康，把学校为我们提供的便利资源利用起来！

36

向他人发送低俗短信，有什么后果？

📖 **案情简介**

　　小美和小明是同班同学，大一开学之后的第一学期，小明对小美心生爱慕，并向小美表达了自己的心意，而小美在感谢了小明对自己的喜爱之后，也明确地拒绝了他。但是小明却以为小美只是不好意思，并不是真的不喜欢自己。所以小明几乎每天都给小美发送信息，而且内容越来越淫秽、低俗，甚至有时小明还会在凌晨给小美打电话。面对小明的电话、信息骚扰和围追堵截，小美整天心惊胆战、不堪其扰，正常的学习生活受到很大影响，学习成绩下降了很多，经鉴定，小美被诊断为轻度抑郁症。

　　小美多次明确向小明表达了拒绝，并告诫其停止对自己的骚扰行为，但小明仍然不为所动。那么，小美该如何维护自身安全，小明的骚扰行为会有什么后果呢？

✎ 案例分析

《民法典》第一千零一十条第一款明确规定："违背他人意愿，以言语、文字、图像、肢体行为等方式对他人实施性骚扰的，受害人有权依法请求行为人承担民事责任。"该条对准确追究性骚扰行为人的责任、保护公民权益，意义重大。同时，本条还规定了机关、企业、学校等单位应当采取合理的预防、受理投诉、调查处置等措施，防止和制止利用职权、从属关系等实施性骚扰。

本案中，小明在违背小美意愿的情况下，以发送淫秽性手机信息等方式，侵害了小美的人格利益，对小美的身心也造成了损害后果，因此，小明应当承担民事责任，赔偿小美的医疗费、精神损害抚慰金等，并书面赔礼道歉。

值得注意的是，如果行为情节比小明更加恶劣，甚至还要承担刑事责任。比如，给多人群发淫秽信息的，甚至还可能构成《刑法》上的传播淫秽物品罪。

37

偷拍他人隐私的行为，会有什么后果？

📖 案情简介

小美正在教学楼的女卫生间上厕所，突然发现旁边隔间下面有闪光灯一闪而过，而且已经暴露的手机被赶紧移开。小美觉得情况不对，连忙冲出去叫来了同学们，及时把旁边隔间正要逃跑的男生堵在里面，同时报告了学校保卫科，并报警处理。经警方调查发现，这位偷拍者偷拍不仅是为了满足自己的偷窥欲；更过分的是，他还把偷拍的照片进行分类在聊天群里进行传播。最终，该男生被公安机关处以行政拘留10日的处罚。同时，学校也按照本校学生纪律处分相关规定，决定给予该男生开除学籍的处分。

📝 案例分析

根据《治安管理处罚法》第四十二条第六项，有偷窥、偷拍、窃听、散布他人隐私行为的，处五日以下拘留或者五百元以下罚款；情节较重的，处五日以上十日以下拘留，可以并处五百元以下罚款。所以该名男生被公安机关处以10日行政拘留。同时《普通高等学校学生管理规定》第五十二条第三项规定了受到治安管理处罚，情节严重、性质恶劣的，学校可以给予开除学籍处分。该大学给予该男生开除学籍的处分，合理合法。

此外，《民法典》和《刑法》中也有相关规定。首先，《民法典》第四编人格权编规定民事主体享有肖像权、名誉权、隐私权等权利，任何组织和个人不得侵害。本案例中，偷拍者把偷拍来的照片在微信群中进行公开发布、传播，此行为严重侵犯了受害者的人格权，受害者可以依据相关规定诉请赔偿。其次，《刑法》第三百六十三条第一款规定了制作、复制、出版、贩卖、传播淫秽物品牟利罪，若偷拍者以牟利为目的传播其在厕所偷拍的照片，还将被追究相应刑事责任。

因此，大学生在校园生活和学习过程中，一方面要严格规范自身行为；若发现他人不法行为的，在保障自身安全、不侵犯他人合法权益的情况下，可以通过联系校保卫处、辖区派出所等方式曝光该不法行为，为校园安全建设出一份力。

38

在朋友圈卖"上头"电子烟，为什么是违法行为？

📖 **案情简介**

2020年2月起，阿峰（化名）陆续从网上购买了几次"上头"电子烟。网店的卖家告诉阿峰，这种烟是"好货"，里面混合了合成××素，吸完以后会让人感觉"上头"，并忘记生活的烦恼。卖家还告诉阿峰，这种烟现在市场反响很好、利润也很高。几个月后，在好奇心的驱使下，阿峰联系了网店卖家，也加入了销售"上头"电子烟的阵营，并伙同好友阿豪在微信朋友圈里售卖"上头"电子烟。2021年6月，阿峰又与更多的卖家合作，并拉拢更多同伙参与其中，分工售卖"上头"电子烟。在这个犯罪团伙中，有人负责加工烟油、制作烟丝，有人负责分发快递，有人代理销售，形成了一支"专业团队"。

2021年9月，警方接到举报线索，当即对涉案相关人员进行控制，逐步揭开犯罪团伙的全貌。2021年10月，某区检察院提前介入该案引导侦查，以阿峰、阿豪等为首的贩卖合成××素烟油的犯罪团伙相继落网。

📝 案例分析

2021年5月11日，公安部、国家卫生健康委员会及原国家药品监督管理局联合发布《关于将合成大麻素类物质和氟胺酮等18种物质列入〈非药用类麻醉药品和精神药品管制品种增补目录〉的公告》（以下简称《目录》），明确将合成大麻素等18种新精神活性物质列为毒品进行管制，该《目录》于2021年7月1日起施行。合成大麻素类物质的主要滥用方式是溶于电子烟里进行吸食，犯罪分子利用电子烟作为掩护，制成浓缩电子烟油进行贩卖，相比传统毒品及其吸食方式，"上头"电子烟具有更强的伪装性、欺骗性。本案中，阿峰等人参与分工售卖的"上头"电子烟，实际上就是含"合成大麻素类"电子烟。他们的售卖行为已经违反了我国法律法规的规定，涉嫌走私、贩卖、运输、制造毒品罪。现实生活中，还有如"彩虹烟""迷幻蘑菇""奶茶包""神仙水""跳跳糖"等，这些伪装的高端食品，其实都是极具迷惑性的"第三代新型毒品"。

　　大学生往往心思较为单纯、容易被诱惑受骗；所以在日常生活中，一定要提高警惕，尤其是对于那些隐秘性较强的新型毒品和具备强伪装性、欺骗性的违法行为，要时刻保持距离，做到远离不良诱惑，保障身心健康成长。

39

连接无线网络导致个人信息被泄露，应该怎么办？

案情简介

小明在逛街时进入一家咖啡馆，点了饮品后落座休息，这时小明发现在这家咖啡馆内有不用密码的无线网络，小明就点击并成功连接了该无线网络，在咖啡馆内用手机打游戏、下载视频、浏览图片、用社交软件发布图文内容、网购等，坐了很久才离开。

过了几天，小明突然发现自己的个人社交账号疑似被盗，自己通讯录内的一些联系人也反映近几日收到了小明发来的借款短信，同时伴有社交软件官方提示的"聊天内容涉嫌违法，存在诈骗风险"字样；并且小明手机里也会时常收到号码异常、归属地不明且内容奇怪的短信。小明思来想去，怀疑是自己那天在咖啡馆连接的免费无线网络导致自己的个人信息泄露，账号被他人盗取了，为了防止事态发展得更加严重，小明选择了立即报警。

📝 案例分析

根据《民法典》第一千零三十四条第一款的规定："自然人的个人信息受法律保护。"所以当个人信息泄露情节严重或给当事人带来极大的损失时，可以选择报警或诉诸法律途径。《网络安全法》第四十三条规定："个人发现网络运营者违反法律、行政法规的规定或者双方的约定收集、使用其个人信息的，有权要求网络运营者删除其个人信息……"同时规定，如果有网络运营者违反规定，不履行《网络安全法》中所涉及的网络安全保护义务时，网络运营者将会受到责令暂停相关业务、停业整顿、关闭网站、吊销相关业务许可证或者吊销营业执照等处罚措施。

互联网时代，人们的生活、工作、娱乐等方方面面都离不开网络，正因如此，我们在使用网络时更要注意保护好个人隐私，上述案例也提醒我们，公共区域内未知的无线网络在连接前要确认好是否为安全网络，同时也要注意手机的有关权限问题。一旦发生了信息泄露，要立刻更换相关的账号或密码。

综上所述，在日常生活中我们要有保护隐私的安全意识，时刻注意网络信息安全，防患于未然。如果遇到个人信息泄露问题甚至是钱财被骗时，不要一味顺从或任人宰割，要保持冷静，用法律武器维护自己的合法权益。

40

个人信息被手机维修人员获取后，不断被其骚扰应该怎么办？

📖 **案情简介**

　　某女大学生去维修手机，维修工拿到手机后，发现了手机中保存的一些自拍私密照片，就悄悄拷贝了下来。等该学生把手机取走后，手机维修人员用微信添加该女生的联系方式后进行骚扰，并且言语粗俗下流。女生果断删除好友。

　　女生以为此事就这样完结了，半月后，她忽然收到一封神秘邮件，邮件内容居然是她的自拍私密照以及一些个人的证件、信息等。对方的意图十分明显，他希望借此威胁女生，希望她听从自己的指令去满足自己的要求。看到这样的威胁，女生彻底慌了神。她立刻将自己的遭遇告知了男朋友，男朋友认为，对方以女友的私密照片进行威胁，事态严重，必须报警处理。

两人将事件始末对警方全盘托出，警方顺利找到了这位手机维修人员，他被抓捕之后，对自己的违法行为供认不讳，最终也受到了相应的法律惩罚。

📝 案例分析

个人信息不仅关乎个人日常生活及工作的有序开展，也可能关涉个人隐私权、名誉权，影响个人的社会活动及日常生活。根据《民法典》第一千零三十四条和《个人信息保护法》的规定可知，自然人的姓名、出生年月、电话号码、家庭住址、行踪信息等能够识别自然人身份的信息都属于个人信息的范畴。法律明确保护个人信息安全，根据《民法典》第一百一十一条规定，"自然人的个人信息受法律保护。任何组织或者个人需要获取他人个人信息的，应当依法取得并确保信息安全，不得非法收集、使用、加工、传输他人个人信息，不得非法买卖、提供或者公开他人个人信息"。

如果窃取或者以其他方法非法获取公民个人信息的，可能构成侵犯公民个人信息罪。如果把公民个人信息传播出去，就涉嫌侵犯个人名誉权、隐私权，可能构成侮辱诽谤罪。如果以此勒索敲诈财物，可能构成敲诈勒索罪。

综上所述，遇到案例中的情况，不能一味地忍让与妥协，不可存有侥幸心理，最保险的做法是保存好录音、聊天记录等证据，第一时间报警处理，及时维护自身合法权益。

41

个人信息被冒用办理了工商登记，应该怎么办？

案情简介

　　某大学的王同学于大一暑假期间到北京游玩，身份证在北京南站丢失。王同学当时立即补办了一张身份证，不过对于丢失的证件，他既没有报案也没有挂失。2021年，在身份证丢失三年多后的一天，王同学手机收到一条支付宝推送的企业贷款广告，显示他是上海某公司法定代表人兼董事长。王同学感到很奇怪，但经过下载该公司的营业执照仔细核对，最终确认他的信息是被这家公司冒用了。王同学想不明白，为什么自己的信息会被公司冒用。

　　最终，王同学向警方报案，并将身份信息被冒用的情况反映给了市场监管部门。经过市场工商档案查询，在王同学身份证丢失三个月之后，上海某公司的法定代表人、董事长就已变更为王同学。原来，自己的个人身份信息被他人冒用办理工商登记和丢失的身份证有关。这种情况下，王同学该怎么办呢？

📝 案例分析

　　冒名登记一般是指实际出资人盗用他人名义并将该主体作为公司股东或高管在公司登记机关进行登记的行为。本案是未经姓名权人本人同意、擅自将姓名等身份信息用于公司工商登记的案件。根据我国法律，公民享有姓名权，有权决定、使用和依照规定改变自己的姓名，禁止他人干涉、盗用、假冒。我国《民法典》完善了对姓名权这一人格权利的保护和利用，其中第一千零一十四条规定："任何组织或者个人不得以干涉、盗用、假冒等方式侵害他人的姓名权或者名称权。"上海某公司冒用某大学的王同学信息办理工商登记的行为是违法的，侵犯了王同学的姓名权。王同学可请求法院判令该侵权的公司办理工商登记变更手续，主张停止侵害、排除妨碍、消除危险、消除影响、恢复名誉、赔礼道歉等人格权请求权，而且该请求不适用诉讼时效的规定。

　　个人信息至关重要，大家都应当妥善保护好个人信息，如果个人身份证不慎被盗或丢失，一定要及时地向派出所办理报失登记并申请补领，这样才能最大限度地减少被违法人员盗用身份信息的机会。

42

骑电动自行车为紧急躲避小孩撞坏了学校的护栏，需要赔偿吗？

案情简介

一天下课，小美骑着电动自行车返回宿舍的路上，一个小孩突然从绿化带冲了出来，眼看就要撞到小美的车上。小美只好紧急转向，撞上了学校绿化带的护栏，碰撞的响动引来了学校的保安，保安看到撞坏的护栏和头晕眼花的小美，赶快联系了学校的物业管理单位和医务室。那么，被撞坏的护栏需要小美来赔偿吗？物业公司和小美的辅导员老师进行了一番讨论。物业公司认为，小美撞坏了护栏，就应该由小美赔偿；辅导员老师则说，由于小美受伤了，还需要处理伤口，还是先看下监控录像再说。监控录像显示，小美原本在正常行驶，为了躲避小孩突然变向才撞上了护栏。

后来小孩的家长找到了物业单位，为自己没有看好孩子向大家道歉并且主动赔偿了护栏；也到校医院看望了小美，并为小美支付了医药费。

📝 案例分析

　　小美的行为属于紧急避险。紧急避险是指在不得已的情况下，损害另一较小法益以保护较大法益免受正在发生的危险的行为。《民法典》第一百八十二条规定："因紧急避险造成损害的，由引起险情发生的人承担民事责任。危险由自然原因引起的，紧急避险人不承担民事责任，可以给予适当补偿。紧急避险采取措施不当或者超过必要的限度，造成不应有的损害的，紧急避险人应当承担适当的民事责任。"第一千一百八十八条规定："无民事行为能力人、限制民事行为能力人造成他人损害的，由监护人承担侵权责任……"

　　本案中，由于小孩突然冲出来造成了险情，小美为了保护小孩人身安全而撞向栏杆，是在不得已的情况下，以损害较小的法益避免较大的法益受损，属于紧急避险；其避险措施合理，无须承担民事赔偿责任；应当由小孩承担责任，但是由于小孩才6周岁，为无民事行为能力人，故而由其监护人承担民事责任。现实中也有类似的案例，曾经有医疗专业人士为了抢救心搏骤停的老人，对其实施心肺复苏，在抢救期间压断老人数根肋骨，老人生命平稳后要求这位热心人士承担压断老人肋骨的责任，索赔10万余元。最终法院判决，该热心人士不承担责任，其依据就是我国法律法规中紧急避险的相关规定。

外出游玩篇

43

好心扶他人并送医时被讹，应该怎么办？

📖 案情简介

大学生小邓在和朋友外出逛街时，看到前方一个独行的老人突然摔倒在地，小邓立刻上前将其扶起并拨打了120急救电话，救护车将小邓与老人都带到了医院里，老人意识不清晰联系不上家属，于是小邓自掏腰包为老人垫付了1000元医药费。老人意识清醒后联系上了儿子儿媳，并告诉他们是小邓撞倒了自己，家人义愤填膺，要小邓出医药费并且负担老人的营养费5000元，小邓苦不堪言只能报警处理。

警察赶到现场后核查实情，儿子儿媳一致认为是小邓将老人撞倒后感到心虚，所以才带老人来医院并垫付医药费，儿媳更是对小邓进行了辱骂推搡。警察在了解情况后调取了当时的街边监控，监控显示，小邓并没有与老人发生过碰撞，老人摔倒后小邓才上前将老人扶起并送医，结果反被老人讹了。最终，警方对儿媳处以十日的行政拘留。

📝 案例分析

好心扶老人反被讹，在遇到此种情形时应保持冷静，不要慌张。《民法典》第一百八十四条规定，因自愿实施紧急救助行为造成受助人损害的，救助人不承担民事责任。

若要指证扶人者侵权，即老人是被扶人者撞倒受伤的，按照《民事诉讼法》第六十七条规定的"谁主张，谁举证"的法律原则，老人或其家属必须拿出事实证据，而无须扶人者自证清白；如果老人或其家属拿不出事实证据却执意纠缠，扶人者可以报警说明情况，交由警察处理；如果扶人者为摔倒受伤的老人垫付了医疗费，有权向老人或其家属索回所垫付的医疗费；如果老人或家属拒绝退还，甚至强行索要赔偿款，可以录音作为证据并报案，敲诈勒索数额较大的，可追究刑事责任。

《刑法》第二百七十四条规定，敲诈勒索公私财物，数额较大或者多次敲诈勒索的，处三年以下有期徒刑、拘役或者管制，并处或者单处罚金；数额巨大或者有其他严重情节的，处三年以上十年以下有期徒刑，并处罚金；数额特别巨大或者有其他特别严重情节的，处十年以上有期徒刑，并处罚金。

44

玩密室逃脱受惊吓摔倒骨折，店家要承担责任吗？

📖 **案情简介**

大学生刘某与朋友到某密室参与主题游戏，当进行到最后阶段时，工作人员扮演的角色打开房门径直朝屋内倒下，玩家受到惊吓，四处躲避，刘某受到惊吓后摔倒受伤。经医院诊断，刘某为右胫骨平台骨折、右腓骨骨折，专业机构鉴定刘某构成十级伤残。

事发后，刘某将密室经营者诉至法院。法院经审理认为，刘某购票进入被告经营的场所参加密室逃脱游戏，双方之间形成服务合同关系，被告有义务向原告提供服务及必要的安全保障。被告工作人员突然打开房门倒向人群，可能撞伤玩家，或容易发生踩踏事故等，被告未尽到安全保障义务，应当对刘某所受伤害承担相应的赔偿责任。

而刘某购票前知悉涉案项目系恐怖类主题，作为完全民事行为能力人，刘某应该对该类游戏可能产生的恐怖、刺激元素有一定的预判并结合自身情况选择是否参加。刘某自愿选择参加此恐怖类主题游戏，自身应当尽到高于一般娱乐活动的安全注意义务。法院认为，原告刘某自身对于损害后果的发生亦存在一定过错。

最终，根据本案实际情况、双方过错程度，法院按照被告承担80%、原告承担20%的责任比例进行判决，由密室经营者赔偿刘某10.8万余元。

📝 案例分析

一些密室类游戏通过营造恐怖气氛吸引消费者，那么在游戏过程中造成伤害，经营者需要为此承担责任吗？在适用《民法典》索赔的案件中，法院通常会按照事发时的具体情况，根据双方过错酌情划分责任比例，即被告是否尽到安全保障义务及原告自身是否存在过错。

此外，2022年6月文化和旅游部等五部门联合发布《关于加强剧本娱乐经营场所管理的通知》，要求加强"剧本杀""密室逃脱"等场所管理，促进行业健康有序发展。通知规定剧本娱乐经营场所应当建立内容自审制度，对剧本脚本以及表演、场景、道具、服饰等进行内容自审，确保内容合法。

当前，密室逃脱类娱乐方式广受年轻人欢迎，大学生群体在游玩的过程中应当量力而行，综合考虑自身身体状况、疾病历史以及心理承受能力；在做一些危险动作前应认真听取安全动作指导避免受伤，在无法继续时应及时退出游戏以免发生危险。与此同时，应尽量选择符合要求的经营场所；倘若游玩中受到人身或财产损失，也应通过合法途径积极维护自身权益。

45

刻划文物、名胜古迹，会有什么后果？

📖 **案情简介**

　　小帅和女朋友小美一同到某著名国家保护的名胜古迹游玩，游玩时小美发现一座古塔上有不少情侣刻上了姓名，甚至还有的情侣写下了"山盟海誓"，便提议文采不错的小帅也留诗一首表白于她。小帅凑近看了看刻划的痕迹，发现都比较老旧，又去看了看古塔的介绍，拒绝了小美的请求。小美有些恼怒，"别人能写你为什么不行？看来你就是不爱我"！小帅好言相劝："这个塔可是国家重点保护文物之一，我们不能在上边随意刻划啊，破坏了文物不说，还有可能被罚款拘留的。"小美有些被吓到了，却还是倔强道："真有这么严重？也没看到其他人被处理啊？"小帅解释道："你看上边的痕迹都比较旧，很明显有些年头了，之前可能没有那么强的文物保护意识，但是我们作为新时代的大学生，怎么能这么没有公德心呢？"小美听后放弃了刻划的念头。

📝 案例分析

　　文物、名胜古迹是我国历史文化的重要传承，近年来，文物保护工作也随着公民素质的提高有了极大的进展，相应的规定陆续出台。《治安管理处罚法》第六十三条规定，刻划、涂污或者以其他方式故意损坏国家保护的文物、名胜古迹的，处警告或者二百元以下罚款；情节较重的，处五日以上十日以下拘留，并处二百元以上五百元以下罚款。《刑法》第三百二十四条规定了故意损毁文物罪、故意损毁名胜古迹罪和过失损毁文物罪，故意损坏文物、损毁名胜古迹情节严重的，可能被处以拘役或有期徒刑。

　　外出游玩见到古迹确实会心有波澜，或想题诗一首以寄情怀，或想留下只言片语一抒胸臆，但不可因为一时激动就随意刻划古迹，因为一个小小的划痕可能要耗费文物保护工作者数十个甚至数百个小时的时间才能修复，甚至可能永远都无法修复。自然形成的景观如钟乳石、丹霞地貌等，则需要数万年的时间来修复。对自身而言，刻划古迹不仅会让你受到罚款、禁止入园等惩罚，还可能面临治安管理处罚，更严重的，可能会被追究刑事责任。

46

在铁轨上拍"大片"，会受到什么处罚？

📖 案情简介

　　小帅在网上看到别人在铁轨旁拍摄的照片十分有氛围感，便邀请同学小美做模特，一起在某铁轨路段拍"大片"。二人带着摄像机、三脚架等诸多设备从一处铁路防护网的缺口溜了进去，随着夕阳西下，光景渐美，二人快门不断，满意而归。小帅随后精心挑选了一些作品发布在社交平台上，果然收获了大量好评，还有很多同好"求机位"。如此热烈的讨论也引发了网友对安全性和合法性的讨论，接到网友举报后，警方迅速查明照片拍摄的路段位于某铁路某支段，锁定嫌疑人为小帅和小美，并传唤两人到公安部门接受调查。根据《治安管理处罚法》相关规定，铁路警方依法对小帅、小美分别给予罚款100元的行政处罚，并责令立即删除其在某社交平台上发布的信息和相关影像资料。

📝 案例分析

依照《治安管理处罚法》第三十六条，擅自进入铁路防护网或者火车来临时在铁路线路上行走坐卧、抢越铁路，影响行车安全的，处警告或者二百元以下罚款。本案中，小帅和小美擅自进入铁路防护网的行为对行车安全造成极大隐患，公安机关依据具体情况，给予其100元的处罚是合理的。

现实中此类案例也不少，严重者甚至差点付出生命的代价。有人为了在铁路上自拍逼停列车；有人在铁路线路内逗留玩耍不顾安危；有人为了追求"个性风景"到铁路货场取景，严重扰乱列车运输安全；有人为了拍到与列车"擦身而过"的美好瞬间，被飞驰的火车带来的强风带倒，多处擦伤。在此特提醒大家，为了自身和列车的安全，请严守相关规定，切勿在钢轨上行走、坐卧、逗留，更不要为求"大片"，在铁路沿线拍摄照片、视频，视安全为儿戏。对违反相关法律的，警方将依法给予处罚。如果想要拍摄火车相关的主题，可以去有此类陈列的纪念公园。

47

高铁"霸座"，会有什么后果？

📖 **案情简介**

暑假回家的小美提着行李上车，把行李放好后，小美准备寻找自己的座位。小美买票前特意选购了一个靠窗的座位，可当她来到自己的座位旁时，却发现座位上坐着一名中年男子。小美还以为自己走错了车厢，可仔细观察后发现自己并没有走错。于是小美小声提醒男子，他坐错位置了，这个位置是自己的。让小美没想到的是，男子的态度十分敷衍，无论小美怎么劝说他都不愿意离开。

周围的乘客也开始劝说男子离开座位，但男子态度异常坚决，且开始吵嚷。无奈之下，小美只能找到工作人员，希望通过工作人员的劝说，能够让男子离开座位。可即便工作人员赶到，男子也说什么都不肯离开座位。不久后列车乘警赶到现场，对男子进行口头传唤，并警告男子已经构成违法。

📝 案例分析

高铁"霸座"看似是一件小事，却属于典型的违法行为。《民法典》第八百一十五条规定，旅客应当按照有效客票记载的时间、班次和座位号乘坐。《治安管理处罚法》第二十三条明确规定，扰乱公共汽车、电车、火车、船舶、航空器或者其他公共交通工具上的秩序的，处警告或者二百元以下罚款；情节较重的，处五日以上十日以下拘留，可以并处五百元以下罚款。

坐错座位的行为时有发生，对于那些坐错了座位，在被指出后能够及时改正的乘客，自然不构成违法。可如果有人明知坐错了座位，经告知后却依旧霸占座位不肯离开，那么他的行为就扰乱了交通工具上的秩序，构成违法。从本质上来看，高铁"霸座"行为是否违法，取决于这一行为是否严重影响了公共秩序，警方会根据情节严重性，对当事人进行相关处理。

乘坐高铁出行时，要遵守交通管理秩序，不要在高铁上大声喧哗、高声外放音乐及短视频等，更不能在高铁上吸烟。事实上，"霸座"、在高铁上吸烟等行为已经被明确规定为违法行为，不仅可能受到治安管理的行政处罚，情节严重者可能会被追究刑事责任。

48

随手买了把"小刀"带在身上，没有伤到人，也会受到处罚吗？

📖 案情简介

　　小帅暑期去某古镇游玩，路过一摊位的时候出于好奇购买了一把"特色刀具"。当晚，小帅听说古镇商业街上有夜市，十分热闹，便去一看究竟，出门前也不忘带上自己新买的"家伙什儿"。夜市里有一些杂耍表演的摊位，摊位附近看表演的人很多。拥挤的时候小帅与一群小混混不小心撞在了一起，领头的小混混"出口成脏"，三言两语间几人便扭打在一起。奈何双拳难敌四手，小帅挨了好几下打，情急之下便拿出了之前买的刀声称要"废了"小混混，这下本来在看热闹的人群一阵恐慌，秩序大乱。直到有人报警，警察将双方带走秩序才渐渐恢复。公安机关对小帅作出了拘留五日的治安管理处罚，但小帅认为自己只是一时好奇买了刀子，既没有拿刀子伤人的意图，也没有真的伤到人，不应受到处罚。

📝 案例分析

依照《治安管理处罚法》第三十二条的相关规定，非法携带枪支、弹药或者弩、匕首等国家规定的管制器具的，处五日以下拘留，可以并处五百元以下罚款；情节较轻的，处警告或者二百元以下罚款。非法携带枪支、弹药或者弩、匕首等国家规定的管制器具进入公共场所或者公共交通工具的，处五日以上十日以下拘留，可以并处五百元以下罚款。本案中，小帅携带的"特色刀具"在长度、开刃方式等各方面，都符合管制刀具的标准，因此小帅确实携带管制刀具进入了公共场所，该行为已经违反了治安管理的法律规定，公安机关依据具体情况，给予五日拘留的处理是合法的。

现实中有人会因为一时好奇而购买一些"家伙什儿"并随身携带，但此种行为非常危险。如果携带这些管制器具、管制刀具等进入公共场所或者公共交通工具，不论是否有伤人或威胁别人的意图，都已经违法，将会受到相应的处罚。

49

酒后行为失控造成他人损害，"喝醉了"是不赔偿的理由吗？

📖 案情简介

　　小帅跟篮球队的几个兄弟为了庆祝校联赛的胜利在学校附近的饭店聚餐，席间几个小伙子慷慨激昂、推杯换盏，不多时就"喝大了"。小帅有些头晕，想去卫生间"放水"，起身的时候由于身形不稳，碰到了隔壁空桌，打碎了几个碗碟，服务员闻声赶来，要求小帅一行人赔偿。几个小伙子年轻气盛又都喝了酒，觉得服务员扫了自己庆祝胜利的兴致，便与服务员争论起来，言语不和之间小帅抄起一个啤酒瓶"嘭"的一下砸到了服务员的头上。看着倒下的服务员和零星的血迹，小帅酒醒了一半。服务员被送到医院救治。随后服务员要求小帅赔偿医药费、误工费等损失，但小帅认为自己当时喝醉了，行为不受控制，不同意全额赔偿。

📝 案例分析

根据《民法典》第十八条、第二十二条以及第二十四条的规定，小帅属于完全民事行为能力人；根据第一千一百九十条的规定，完全民事行为能力人因为醉酒、滥用麻醉药品或者精神药品对自己的行为暂时没有意识或者失去控制造成他人损害的，应当承担侵权责任。本案中，小帅明知饮酒后可能因醉酒引发冲动行为，甚至行为会失去控制，却仍然过量饮酒在先，主观上有较大过错；并且其酒后伤人的行为并不是完全失去控制后的行为，所以小帅应对其酒后伤人的行为承担全部责任。

大学生作为成年人，要对自己的行为负责，外出聚餐时应注意饮酒适量，醉酒不是逃避责任的借口，更不是胡作非为的理由。饮酒后也应当注意自己的行为，不能因为酒后情绪激动而作出让自己后悔的事情。本案中万幸小帅没有犯下不可挽救的错误，现实中酒驾，酒后斗殴、伤人等，也并不鲜见，轻则承担民事赔偿责任，重则被行政拘留，甚至会被处以刑罚，耽误自己的一生。

50
踏青挖了株植物竟然是保护植物，会触犯法律吗？

📖 **案情简介**

　　小帅是某高校植物保护专业的一名学生，学校号召大家多去山里田间走走，增加实践经验。于是小帅和同学们约好周末去郊区的山里转转。到了目的地之后，同学们看到风景秀丽、山清水秀，游玩的兴致也高了不少。同学们一路说说笑笑，遇到一些课本上的植物还不时拍照、采集标本。行至某处时，小帅突然发现一小簇植株长得很奇特，粗壮的枝干，棕绿色。小帅想着这个植物在宿舍养起来应该很好看，于是便将其连根挖了起来，悄悄地带回了学校。到校之后小帅把植物精心种好，还不时和同学们炫耀一番。这时隔壁的学长小文路过，一下被吸引住了。仔细查看一番，小文严肃地和小帅说，这株可能是国家重点保护的野生植物。小帅一下慌了："啊！这我不知道啊，你不要举报我啊，我应该怎么办？"小文带着小帅找到了植物学的张教授，经过张教授的一番辨认，确定这株植物就是国家重点保护野生植物粗叶泥炭藓，由于离开了合适的生长环境，它已经有点打蔫儿了。随后张教授和小帅一起联系了野生植物行政主管部门，由其工作人员接管这株粗叶泥炭藓，并对小帅进行了批评教育。

📝 案例分析

根据《野生植物保护条例》第九条规定，"国家保护野生植物及其生长环境。禁止任何单位和个人非法采集野生植物或者破坏其生长环境"。该条例还规定了禁止采集、出售、收购国家一级保护野生植物，采集、出售、收购国家二级保护野生植物的，应当经过野生植物行政主管部门或其授权的机构批准。未经许可采集国家重点保护野生植物的，由野生植物行政主管部门没收所采集的野生植物，情节严重的可能触犯刑法第三百四十四条"危害国家重点保护植物罪"。

本案中，小帅在未经许可的情况下随意采摘国家二级保护野生植物已经违反了上述条例的规定，但由于他处理得当，仅受到批评教育，如果不是及时改正，小帅甚至可能涉及刑事犯罪。

　　本案例也给我们提了个醒，日常生活中切记不能随意采摘、毁坏植物。尤其在出门散步或者旅游的时候，若遇到不熟悉的动植物更要小心。在未取得相关许可的时候，切不可随意采集、破坏植物，那么美丽的花花草草，还是让它们留在它们自己的"家"里吧。同样地，也不要因为猎奇而购买一些未知物种，外来的生物可能对本地的生态造成毁灭性的破坏，遇到自己不能处理的昆虫、动物、植物时，切勿随意丢弃、放生，应当联系动植物主管部门，请专业人员来处理。

51

饭店店堂告示"禁止顾客自带酒水"，作为消费者应该怎么办？

📖 案情简介

　　小帅与室友们在周末的时候前往提前预订好的校外饭店聚餐，大家在校园超市购买了几瓶饮料带去了饭店。进包厢落座后，服务员看到小帅一行人自带了饮料，便说店内"禁止顾客自带酒水"，并要求小帅等人将自带的饮料放到前台，用餐结束结完账后再归还。小帅等人十分不解，因为包厢内未见"禁止顾客自带酒水"的提示字样，便与服务员理论了几句，服务员说："我们在收银台处张贴了'禁止顾客自带酒水'的店堂告示，如果你们坚持自带酒水，那我们只能按饭店规定，关掉包厢内的电源，请你们去别的地方吃饭了！"小帅等人只好又从饭店内购买了饮料。

　　饭后，小帅几人觉得饭店这么做是在侵犯消费者的合法权益，便拨打了12315消费者投诉电话对此事进行了反映与投诉。

📝 案例分析

酒店、饭店等消费场所内"禁止顾客自带酒水"是场所经营者自行设置，且与法理不合的规定，是"霸王条款"，作为一种侵害消费者权益的行业惯例，饱受诟病。遇到酒店、饭店等消费场所"禁止自带酒水"的霸王条款，消费者可以拿起法律武器保护自己。

《消费者权益保护法》第二十六条规定："……经营者不得以格式条款、通知、声明、店堂告示等方式，作出排除或者限制消费者权利、减轻或者免除经营者责任、加重消费者责任等对消费者不公平、不合理的规定，不得利用格式条款并借助技术手段强制交易。格式条款、通知、声明、店堂告示等含有前款所列内容的，其内容无效。"同时，《民法典》第四百九十七条规定："有下列情形之一的，该格式条款无效：（一）……（二）提供格式条款一方不合理地免除或者减轻其责任、加重对方责任、限制对方主要权利；（三）提供格式条款一方排除对方主要权利。"所以，"禁止自带酒水""加收服务费""房间最低消费"等要求，均属于"霸王条款"，不合理地限制了消费者的权利，其内容无效。

综上所述，当消费者遇到"禁止自带酒水"等要求时，有权拒绝。餐饮经营者拒绝改正的，消费者可以向市场监管部门或拨打12315消费者投诉电话进行投诉举报，也可以起诉到法院，请求人民法院确认"霸王条款"无效。

52

乘坐出租车遭遇因其他车辆变道超车导致的交通事故，应该向谁索赔？

案情简介

小红在校门口乘出租车出校办事，行驶途中出租车与其他车辆发生碰撞，导致出租车司机与小红均受了不同程度的伤害，并且因为要处理伤情，小红还耽误了办事的时间。经交警确认，该事故系肇事车辆变道超车才导致与出租车发生碰撞引起车祸与人员受伤，系肇事车辆全责。

小红认为，除了肇事者需要赔偿自己外，出租车公司是否也需要赔偿自己的损失呢？毕竟自己是在出租车公司的车上发生的事故。

那么对于这种情况，小红作为乘客，应该向谁索赔呢？

案例分析

《民法典》第一百八十六条规定："因当事人一方的违约

行为，损害对方人身权益、财产权益的，受损害方有权选择请求其承担违约责任或者侵权责任。"所以遇到上述情况时，作为乘客，通常会有两种选择。

第一种选择是要求出租车公司承担违约责任，并向出租车公司索赔。这是因为当乘客乘坐出租车时，乘客与出租车公司就建立起客运合同关系，依据《民法典》第八百二十三条规定，客运合同中，承运人应当对运输过程中旅客的伤亡承担赔偿责任；但因旅客自身健康原因或旅客故意、重大过失造成的除外。本案例中，小红受伤是肇事车辆全责。所以如果其要求出租车公司承担违约责任，只需证明本人与出租车公司存在客运合同关系，再举证证明本人的损失即可，举证责任相对简单。但需要注意的是，以违约起诉则不能向出租车公司要求精神损害赔偿。

第二种选择是主张肇事者侵权并要求其赔偿。当乘客乘坐出租车发生交通事故时，肇事者一方（包括出租车一方和造成交通事故的另一方）侵害了乘客的人身权利和财产权利，应当承担侵权损害赔偿责任。这个时候乘客需要证明肇事者的过错、本人的损失以及肇事者的过错和本人损失之间的因果关系，若没有交通事故责任认定，这往往是比较难证明的。但这一索赔方式下，可以要求侵权责任人承担精神损害赔偿责任。

　　需要注意的是，上述这两种索赔方式不能同时选择，通常选择其一。两种赔偿方式的法律依据、举证规则、赔偿范围不同，应根据自身情况慎重选择。

53

车辆借给他人发生交通事故的，车主需要担责吗？

案情简介

大壮找到小帅，想借用小帅的摩托车。小帅知道大壮没有考下来摩托车驾驶证，但是碍于两人多年室友的情面，还是把车借给了大壮。大壮自认为熟悉驾驶路况，一边驾驶一边回复朋友信息，结果疏忽大意，一不小心撞倒了正在路边遛弯的老大爷，致其受伤。交警认定该起交通事故，属于摩托车一方的责任。大壮应当对老大爷的人身损害承担赔偿责任。但是老大爷认为，车是小帅的，小帅也应当承担赔偿责任。那么，借给大壮车辆的车主小帅是否也要承担一定的赔偿责任呢？

案例分析

在这起事故中，交警判定摩托车驾驶人大壮承担事故的全部责任，但肇事车辆的实际车主是小帅，作为摩托车所有人，出借车辆时应当注意，不能将车辆交给未取得摩托车驾驶证的人员驾驶，小帅虽然没有驾驶车辆，但根据《道路交通安全法》及其实施条例，摩托车参照机动车进行管理，而《民法典》第一千二百零九条规定，因租赁、借用等情形机动车所有人、管理人与使用人不是同一人时，发生交通事故造成损害，属于该机动车一方责任的，由机动车使用人承担赔偿责任；机动车所有人、管理人对损害的发生有过错的，承担相应的赔偿责任。本案例中，车主小帅存在把车辆借给无相应驾驶证者使用的过错，因此，对此次交通事故造成的损害，应当承担相应的赔偿责任。

在日常生活中，我们难免遇到朋友借车的情况，那么借车给别人时也要注意，如果知道车辆存在缺陷，或者借车人存在没有驾驶资格，饮酒、服用国家管制的精神药品以及麻醉药品，以及妨碍安全驾驶机动车的疾病等依法不能驾驶机动车的情况，则不能出借；否则也可能要承担相应赔偿责任。

恋 爱 交 友 、 家 庭 篇

54

随意打骂家庭成员，仅仅是"家务事"吗？

📖 **案情简介**

大学生小胜在父母离婚后，一直跟随母亲生活，后母亲再婚，小胜和继父及7岁的继弟小志相处得不太愉快。小胜常常嫌弃小志碍事，经常不让小志吃饭，有时还对小志拳脚相加。街道办事处工作人员几次上门对小胜进行批评教育，但小胜认为，这是自己的家事，外人管不着。

后小胜又多次打骂小志，继父无奈报了警，要求警方对小胜进行处罚。民警告知小胜，打人本身是一种侵犯人身权利的违法行为，打骂自己的家庭成员同样是违法的，我国《宪法》明确规定，公民的人身自由和人格尊严不受侵犯；《民法典》规定，禁止家庭成员间的虐待和遗弃。公安机关依据《治安管理处罚法》第四十五条的规定，对小胜作出了5日拘留的治安管理处罚。

📝 案例分析

《民法典》第一千零四十三条规定，家庭应当树立优良家风，弘扬家庭美德，重视家庭文明建设……家庭成员应当敬老爱幼，互相帮助，维护平等、和睦、文明的婚姻家庭关系。

在一般家庭纠纷中，发生情节较轻的打骂家庭成员的现象，应予以批评教育。

虐待家庭成员，包括经常以打骂、冻饿、禁闭、有病不治、强迫过度劳动或限制人身自由、凌辱人格等方法，从肉体或精神上进行摧残迫害的，属于侵犯他人人身权利的违法行为，尚不够刑事处罚的，由公安机关依照《治安管理处罚法》的有关规定，予以行政处罚。《治安管理处罚法》第四十五条规定，虐待家庭成员，被虐待人要求处理的，处五日以下拘留或者警告。

虐待家庭成员，情节恶劣的，根据《刑法》第二百六十条关于虐待罪的规定，应依法追究刑事责任，并且对于因虐待引起被害人重伤、死亡的，应从重处罚。

《反家庭暴力法》第三条第一款规定，家庭成员之间应当互相帮助，互相关爱，和睦相处，履行家庭义务。这是法律规定的义务，也是建设社会主义精神文明的一个重要方面。大学生应当致力建立和谐的家庭关系，做一名遵纪守法、友爱文明的新青年。

55

子女是否可以干涉父母再婚？

📖 案情简介

无论是现实生活中，还是影视剧情节中，经常会出现子女出于各种原因不愿意让已经离婚或者丧偶的父母再婚的情况。小帅10岁时母亲就不幸因病去世了，小帅爸爸担心继母不疼爱儿子就一直没有再婚，独自将小帅抚养成人。现在，小帅已经成年并考上了大学，开启了新的人生阶段，不再需要爸爸的照顾了，于是小帅爸爸决定找个老伴儿。当小帅爸爸把自己将要再婚的消息告知儿子时，遭到了小帅的强烈反对。小帅说，如果父亲再婚，他就不再赡养父亲。那么，小帅能够以拒绝赡养为由干涉父亲再婚吗？

📝 案例分析

事实上，我国法律对此已有明确规定。《民法典》第一千零六十九条明确规定："子女应当尊重父母的婚姻权利，不得干涉父母离婚、再婚以及婚后的生活。子女对父母的赡养义务，不因父母的婚姻关系变化而终止。"同时，《老年人权益保障法》第七十六条也明确规定："干涉老年人婚姻自由，对老年人负有赡养义务、扶养义务而拒绝赡养、扶养，虐待老年人或者对老年人实施家庭暴力的，由有关单位给予批评教育；构成违反治安管理行为的，依法给予治安管理处罚；构成犯罪的，依法追究刑事责任。"由此可见，父母的婚姻权利是受到法律保护的，子女不得干涉父母的婚姻自由。本案中，小帅爸爸再婚是由自己决定的，完全是自愿的，对此小帅不得干涉。而且小帅对父亲的赡养义务是不会因父亲再婚而改变的。即便小帅爸爸再婚，小帅也必须赡养父亲。否则，小帅爸爸有权根据我国法律的规定，向法院起诉，要求小帅履行赡养义务。

56

父母的感情确已破裂，能阻止他们离婚吗？

📖 案情简介

王某1和刘某因价值观和性格相似而互相吸引，经过三年的恋爱后建立婚姻关系并育有一子王某。两人在关系甜蜜的阶段，经过艰难创业，成立了一家以煤矿工程为主业的民营公司。随着业务的开拓，公司规模越来越大，但王某1和刘某的感情日渐恶化、婚姻关系名存实亡，但凡见面就争吵。王某1最终决定和刘某走法律程序办理离婚，并分割财产。王某虽然知道父母的感情已破裂，但是害怕同学笑话自己，也害怕父母离婚影响自己以后的发展，并不想父母领离婚证，更不想闹上法庭。若父母感情已破裂，子女能阻止自己的父母离婚吗？

✏️ 案例分析

根据《民法典》第一千零六十九条，子女应当尊重父母的婚姻权利，不得干涉父母离婚、再婚以及婚后的生活。子女对父母的赡养义务，不因父母的婚姻关系变化而终止。上述案例中的王某1和刘某婚姻关系破裂，王某应尊重其父母的婚姻权利，其无权阻止父母离婚。

事实上，即使成功阻止父母离婚，在感情已经破裂的情况下，强行维持婚姻的名义也只会给婚姻双方增加伤害，同样不利于孩子成长和家庭和谐。所以，不论从法律还是情理层面，子女都应当尊重父母的婚姻自由，理性看待离婚；因为，即使离婚，父母还是自己的父母，自己能够得到的爱不会减少。唯有相互尊重、相互关爱，才能收获良好的家庭关系、幸福生活。

57

作为外甥（外甥女），也有可能依法继承舅舅或姨妈的财产吗？

📖 案情简介

　　王某的妈妈、姥姥和姥爷在她年幼的时候都因患重大疾病而去世。王某还有一个小姨刘某，她是刘某唯一的亲人。刘某是某世界500强企业的高管，事业有成、收入可观，但感情方面空白，到了50多岁，还没有组建家庭，更没有自己的孩子。所幸，王某就读的大学和小姨刘某的工作地都在A市。周六日，善良懂事的王某经常去看望刘某，为忙于工作的刘某做一顿带有家乡特色的午餐，也为身体走下坡路的刘某"跑腿"做一些杂事，两人感情深厚。天有不测风云，刘某因工作压力大，且长期应酬，某天晚上突发脑卒中。鉴于此，王某除了上课，其他时间都在医院照顾刘某。刘某因医治无效去世，留下5套房子和100万元，却无人继承。王某作为刘某唯一的亲人，是否可以继承刘某的财产？

✎ 案例分析

继承一般分为遗嘱继承和法定继承。当事人如果没有订立遗嘱，遗产继承人应根据我国《民法典》规定的继承顺序继承财产。根据《民法典》第一千一百二十七条规定，遗产按照下列顺序继承：第一顺序：配偶、子女、父母；第二顺序：兄弟姐妹、祖父母、外祖父母。继承开始后，由第一顺序继承人继承，第二顺序继承人不继承；没有第一顺序继承人继承的，由第二顺序继承人继承。再根据《民法典》第一千一百二十八条规定，被继承人的子女先于被继承人死亡的，由被继承人的子女的直系晚辈血亲代位继承。被继承人的兄弟姐妹先于被继承人死亡的，由被继承人的兄弟姐妹的子女代位继承。代位继承人一般只能继承被代位继承人有权继承的遗产份额。因此，当满足特定条件时，外甥（外甥女）也有可能依法继承舅舅或姨妈的遗产。

在上述案例中，刘某在死亡时，没有配偶、子女，父母已去世，没有第一顺位继承人，因此应当由第二顺位继承人继承，但是她唯一的姐姐先于她死亡，她的祖父母、外祖父母也已去世，所以依法应当由姐姐的女儿继承。由此可知，王某可以继承小姨刘某的5套房子和100万元。

58
吵架后砸坏已赠给女友的手机，是否要赔偿？

📖 **案情简介**

大学生小帅和小美系恋爱关系。在恋爱期间，小帅利用课余时间兼职做家教，用兼职赚的钱买了一部新手机，作为小美的生日礼物赠送给小美，价值6000元。一次，小美和小帅因为琐事发生争吵，小美向小帅提出分手，小帅感到非常气愤，拿起自己送给小美的手机狠狠砸向地板，将手机砸坏了。

小美要求小帅赔偿自己的手机，但小帅拒绝赔偿。小帅认为，这部手机本来就是自己买来送给小美的，现在小美提出分手，他当然可以把手机要回来，怎么处理这部手机都是他自己的事情，小美管不着。因为小帅拒绝赔偿手机，小美将小帅起诉至法院，法院审理认为，小帅将手机赠与小美，经交付后手机的所有权已转移至小美，小帅无权处分，故小帅应当就这部被砸坏的手机对小美进行赔偿。

📝 案例分析

《民法典》第六百五十七条规定，赠与合同是赠与人将自己的财产无偿给予受赠人，受赠人表示接受赠与的合同。第六百五十八条第一款规定，赠与人在赠与财产的权利转移之前可以撤销赠与。

本案中，手机虽然是小帅买的，但是在小帅将该手机送给小美时，该手机的所有权已经转移至小美，同时，在小帅将手机送给小美时也没有关于"如果分手必须返还"的约定。因此，该手机仍归小美所有，小帅无权处分小美的财产，其将小美的手机砸坏是需要进行赔偿的。

根据《民法典》第一千一百八十四条的规定，侵害他人财产的，财产损失按照损失发生时的市场价格或者其他合理方式计算。根据《刑法》第二百七十五条的规定，故意毁坏公私财物，数额较大或者有其他严重情节的，构成故意毁坏财物罪，处三年以下有期徒刑、拘役或者罚金；数额巨大或者有其他特别严重情节的，处三年以上七年以下有期徒刑。

冲动是魔鬼，在情绪激动时做出的举动往往会让人悔不当初，切莫因一时冲动让自己陷入"困境"。

59

恋爱期间送给对方的礼物，分手后能否索回？

📖 **案情简介**

　　小帅和小美谈了两年的校园恋爱，毕业季来临，由于二人未来发展方向不同便决定分手。分手当天，小帅对小美说希望小美能将恋爱两年间自己送她的礼物都归还，如果不能归还的就折现，并列了一个单子给小美，单子上写明有口红、背包、衣服、鞋、香水等。

　　小美觉得这简直可笑，哪有送人礼物还要回去的道理。小帅却说礼物是花自己的钱买的，自己有权决定礼物的去留；况且恋爱期间送的礼物，是送给女朋友的，现在两人分手，小美不再是自己的女朋友，恋爱关系已经不存在了，所以自己有权让小美归还，并且如果小美也有同样要求的话，也可以列一个单子，自己会将小美送给自己的礼物归还或折现返还。小美觉得礼物都是自愿赠送的，也不是自己逼迫索要小帅才买给自己的，分手了就要求如数归还这简直不可理喻。小美不同意小帅的意见，小帅便说要走法律途径解决。

📝 案例分析

关于恋爱期间送的礼物分手后能否要求归还的问题，要看男女双方在送礼物时是否有相关约定。

如果男女双方明确约定赠与是以缔结婚姻为前提或明确约定分手后需返还，那么在恋爱期间赠送的房子、车子、钱财或者其他价值较大的礼物，在分手时是可以要求对方退还的。如果男女双方未明确赠与是以缔结婚姻为前提，而是恋爱期间的一般性赠与，分手后一般不能主张返还，如特殊节日送的礼物或者特殊数字表达爱意赠送的钱财等。

同时根据《民法典》第六百六十三条的规定，"受赠人有下列情形之一的，赠与人可以撤销赠与：（一）严重侵害赠与人或者赠与人近亲属的合法权益；（二）对赠与人有扶养义务而不履行；（三）不履行赠与合同约定的义务。赠与人的撤销权，自知道或者应当知道撤销事由之日起一年内行使"。

综上所述，小帅和小美双方互赠的财物未明确约定以缔结婚姻为前提，也未约定分手后需返还，且二人的情形并不属于《民法典》第六百六十三条中的可以撤销赠与的情形。所以小帅要求小美将赠与礼物如数返还的要求并不合理。

60

领完结婚证后，发现对方有重大疾病可以离婚吗？

案情简介

　　小高和小王是国内某知名院校的优秀学生。大一的时候，两人在一次英语竞赛中认识，因为彼此兴趣爱好相似，经常有交流，慢慢的，就互相产生了爱意。两人在大学相恋四年，在毕业参加工作后，就步入了婚姻殿堂。但是，令小王没想到的是，在一次收拾房间时，意外发现了妻子小高的病历，发现其从10岁左右患有精神分裂症，且仍未治愈。已知该疾病系医学上认为影响结婚的重型精神疾病；医治难度大、家族遗传可能性较大，为重大疾病。小王虽然深爱着小高，但小高的重大疾病肯定会影响他们以后的生活质量，或许还会影响他们的下一代。看病花销不小，但两人挣钱不多，双方家庭也不是很富裕，想到未来残酷的生活，小王就难以接受。小王的父母看见小王日渐消瘦，心疼小王，建议小王早点离婚。小王的父母认为，离婚的原因不是小王，是小高所患疾病，且婚前没告诉他们的儿子。小王犹豫不决，但是最终权衡利弊，还是想撤销婚姻。配偶隐瞒重大疾病，能离婚吗？

📝 案例分析

《民法典》第一千零五十三条规定："一方患有重大疾病的，应当在结婚登记前如实告知另一方；不如实告知的，另一方可以向人民法院请求撤销婚姻。请求撤销婚姻的，应当自知道或者应当知道撤销事由之日起一年内提出。"但是，《民法典》并未明确限定哪些疾病属于此处的"重大疾病"。司法实践中，一般根据《母婴保健法》第九条、第三十八条进行判断。在本案例中，小高的精神分裂症是影响结婚的重型精神病，属于重大疾病。小高在结婚登记前未如实告知丈夫小王其身体状况，小王有权在一年内提出撤销婚姻的请求。

一般来讲，重大疾病通常是指医治花费巨大、难以治愈，且将严重影响患者的正常工作和生活的疾病。严重的遗传性疾病、传染病、精神病等会影响婚姻关系和后代遗传的疾病，一般视为本条规定的"重大疾病"，但是否为可撤销婚姻关系的重大疾病，还需结合个案来认定分析。因此，我们要认识到婚前医学检查的重要性，并积极进行婚前医学检查，以对彼此负责。

61

被父母逼迫嫁给他人，这样的婚姻有效吗？

📖 案情简介

　　小美学习成绩优异，想在大学毕业后接着攻读研究生，从事学术研究。但是小美的父母长期患病，丧失劳动能力，家里还有一个即将高考的弟弟。在父母的反复劝说、威逼下，小美不得不放弃继续读研的打算，大学毕业后回到家乡县城工作。然而小美刚工作不久，父母就给小美安排了结婚对象，仅见了一次面，就要两人去领证结婚，遭到了小美的强烈反对。无奈小美的母亲以死相逼，还说要是不结婚就断绝母女关系，小美只好被迫接受。但是小美的婚后生活十分苦闷压抑，男方限制她交友的自由，还不想让小美出去工作。小美的师姐得知了小美的情况，告诉她这是胁迫结婚，可以去法院申请撤销婚姻。那么，小美的婚姻关系可以撤销吗？

📝 案例分析

被父母逼迫嫁给他人属于胁迫结婚。所谓胁迫结婚是指婚姻关系一方当事人或婚姻关系以外的第三人（包括父母）违反婚姻自由原则，在违背婚姻当事人意愿的情况下，以给其或者其近亲属的生命、身体健康、名誉、财产等方面造成损害为要挟，威胁强迫其缔结婚姻。我国《民法典》第一千零五十二条规定，因胁迫结婚的，受胁迫的一方可以向人民法院请求撤销婚姻。请求撤销婚姻的，应当自胁迫行为终止之日起一年内提出。被非法限制人身自由的当事人请求撤销婚姻的，应当自恢复人身自由之日起一年内提出。由此可见，被父母逼迫嫁给他人，这样的婚姻原则上是可以申请撤销的。如果父母没有胁迫，仅构成包办婚姻的，则当事人可提出离婚。

防诈防骗篇

62
为什么说要防范"套路贷"的贷款骗局？

📖 **案情简介**

　　某大学生王某，日常很注重个人的穿着打扮，也喜欢交朋友，常常请大家一起外出吃饭、唱歌，渐渐的，家里给的生活费满足不了她。于是，她准备在外面贷4000元"小额贷"先用一用。通过同学介绍，她找到甲投资有限公司贷款。甲投资有限公司的负责人杨某答应给王某贷款，但要求其一个星期后还7000元。一个星期后，王某未能偿还7000元贷款，杨某介绍王某找杜某再贷款。王某被迫签了再贷款15000元的合同。一个月后，贷款连本带息，变成了32000元。因王某无力偿还，杜某介绍王某找乙汽车租赁公司赵某贷款。赵某表示可以替他还清这些钱，但要签订一个40000元的贷款合同。其中的8000元，以辛苦费、中介费、贷款保证金等由头被扣除。就这样，王某欠的钱越来越多，最后被赵某逼迫到夜总会工作，以偿还贷款，陆续偿还了本金和利息15万余元，仍然没有还清欠款。四个月后，王某向警方报案。

📝 案例分析

《民法典》第六百八十条第一款规定："禁止高利放贷，借款的利率不得违反国家有关规定。"而《最高人民法院关于审理民间借贷案件适用法律若干问题的规定》（2020第二次修正）第二十五条规定："出借人请求借款人按照合同约定利率支付利息的，人民法院应予支持，但是双方约定的利率超过合同成立时一年期贷款市场报价利率四倍的除外。前款所称'一年期贷款市场报价利率'，是指中国人民银行授权全国银行间同业拆借中心自2019年8月20日起每月发布的一年期贷款市场报价利率。"由此可知，民间借贷约定利息的，其利率需要符合法律规定。

本案中，王某最初只借了4000元，最后却变成还了15万余元还没有还清欠款，且自己被逼迫到夜总会工作。事实上，王某是遇上"套路贷"了。人们常说的"套路贷"实际上并不是贷款，其真实目的不在于盈利和获得利息，而是一种以"小额贷款"等为幌子一步步设套，进而非法占有受害人财产的行为，本质上是一种犯罪。"套路贷"所涉及的通常也不是某一项罪，而是会涉及不同的刑法罪名，如诈骗罪、敲诈勒索罪、寻衅滋事罪、非法拘禁罪以及组织、领导黑社会性质组织罪等。

在校大学生往往社会经验不足、法律和金融知识不够、自我保护能力不够强，也容易受社会不良风气的影响。而"套路贷"通常具有隐蔽性，且有诈骗团伙相互配合，还会以"兼职挣钱"等旗号掩饰，因此很容易让想用钱、想挣钱的大学生上当受骗，落入被骗的圈套。在校大学生一定要提高自身风险防范意识，首先要认识到"套路贷"本质上不是"贷款"，而是一种犯罪，倘若遭遇此类情况一定要及时向警方求助。同时，要树立正确的消费观、价值观，拒绝违规的贷款消费，从而铲除"套路贷"蔓延的土壤。

63

为什么说要防范"饭圈"的消费骗局?

📖 **案情简介**

　　小吴热衷于追星,而她最喜欢的是一个当红男明星。有一天,她加入了该明星的一个"应援团",在"应援团"里,她和其他"粉丝"聊得挺开心,还从粉丝群里得知自己的偶像要举办粉丝见面会。该群群主在粉丝见面会期间发布了各项应援任务,包括转发新闻报道、点赞、评论等。只要完成任务,用心为"爱豆""打CALL(意为喝彩、叫好、点赞)",就可以领取8888元的粉丝应援红包。想着能为偶像出份力,又能轻松赚钱,小吴满心欢喜。可在完成任务想要领取8888元福利红包时,群主却联系小吴,声称由于特殊原因,小吴转账业务被冻结,自己无法给小吴打款。群主继续告知小吴,只需要用手机缴纳一笔5000元解冻担保费用,这笔8888元的福利红包就能到账了。在群主的"引导"下,小吴使用手机验证了自己的银行账户信息、银行流水等情况，并先后通过扫码转账支付了5000元。就在小吴耐心等待"天降红包"时，却不知自己已经被应援粉丝群拉黑；等到发现时，小吴才意识到自己被骗了。

📝 案例分析

本案中，小吴因加入明星的"应援团"，受到诱导去完成应援任务而上当。实施该诱导行为的"群主"触犯了我国《刑法》，构成了诈骗罪。此类案件中，犯罪分子正是利用年轻人防范意识差、盲目追星、容易轻信他人等弱点，让年轻人落入所设计的圈套和陷阱。因此，年轻人应多学习防骗知识，增强网络防范意识，防止被诱导参加所谓的应援集资，落入诈骗陷阱。同时，要保管好自己手机的支付密码、验证码等重要信息。

即便不是骗局，也要对"饭圈"文化的乱象有一定认知。针对网上一些突出问题，中央网信办已在全国范围内开展专项行动，其中就包含规范诱导集资应援打榜等行为。2021年8月，中央网信办发布《关于进一步加强"饭圈"乱象治理的通知》，也提到不得诱导粉丝消费。对明星艺人专辑或其他作品、产品等，在销售环节不得显示粉丝个人购买量、贡献值等数据，不得对粉丝个人购买产品的数量或金额进行排行，不得设置任务解锁、定制福利、"限时PK（意指比赛、挑战）"等刺激粉丝消费的营销活动。年轻人一定要理性追星，避免受到"饭圈"文化的一些不良影响，共同营造文明健康的网上精神家园。

64

偷卖他人游戏装备是盗窃吗？

📖 案情简介

小明是某热门游戏的老玩家。一天，小明无意中发现室友小帅是该游戏的高级玩家，顿时心生贪念。他趁小帅把手机遗忘在寝室时，迅速破解并修改了小帅的玩家游戏账号的密码，将其据为己有。之后，小明将账号内的两个戒指等高级游戏装备赠送给自己的游戏小号，又用小号操作将这些游戏装备出售获利2000元。后来，小帅发现了自己的账号被盗，游戏装备被售出，于是决定报案。小明听说小帅要报案处理，心里胆战心惊，如实供述了自己的盗卖事实，并退赔了小帅的损失，取得了对方的谅解。

📝 案例分析

游戏世界虽然不同于现实世界，但根据《民法典》第一百二十七条的规定，虚拟财产同样受到法律保护；且游戏设备等虚拟财产往往通过支付真实货币取得、具备一定价值，与一般意义上的"财物"并无区别；因此对虚拟财产的处置也受法律规制；处置不当构成犯罪的，依法需要承担刑事责任。本案中，小明以非法占有为目的，采用秘密手段盗窃他人财物，非法获利2000元，已经构成盗窃罪。幸而其及时悔改，获得了当事人的谅解。

其实，不仅是游戏装备等以支付真实货币买入或可以变卖获取真实货币的虚拟财产受法律保护；网络数据也同样受到保护，如QQ号、微信号等。因此，我们要对虚拟财产有正确认识，并尊重、善待他人财物。

65

身份证被朋友借去搞非法贷款，应该怎么办？

📖 案情简介

　　小张和小明是老乡，又是大学同班同学，关系一直非常好，是很好的"哥们"。家庭条件一般的小明平时花钱大手大脚，喜欢买一些名牌运动鞋、高档手表，也喜欢给游戏充值，家里提供的生活费根本不够用，所以经常通过"校园贷"来填补自己的花费缺口。有一次，小明想买一双价格为3万元的全球限量版的某品牌运动鞋，但是自己之前的"校园贷"还没还款，于是小明心生一计：通过好朋友小张的身份证再贷出5万元。小明很快就付诸行动，找到小张，说自己想用小张的身份证办某商店的会员卡。因为是好哥们，觉得"不好意思"，于是小张将身份证借给了小明。没想到的是，这一借，小张却把自己借成了"老赖"。因为小明借用身份证去借了"校园贷"，但无力偿还贷款，导致小张成了名义上的欠款人，放款单位经常来找小张要求还款。那么，小张的身份证被小明借去借了"校园贷"，自己却被追债，该怎么办呢？

📝 案例分析

身份证是我们每一个人的重要证件，它可以证明我们的身份。生活中很多场合都需要身份证，其重要性不言而喻。

《居民身份证法》第十七条规定："有下列行为之一的，由公安机关处二百元以上一千元以下罚款，或者处十日以下拘留，有违法所得的，没收违法所得：（一）冒用他人居民身份证或者使用骗领的居民身份证的；（二）购买、出售、使用伪造、变造的居民身份证的。伪造、变造的居民身份证和骗领的居民身份证，由公安机关予以收缴。"案例中的小明拿小张的身份证办理贷款，实际上是冒用他人身份证件，将会面临法律处罚；小张因受骗而借出身份证，在得知自己"被贷款"后，应及时报警，用法律手段维护自己合法权益。

由此，我们一定要注意并且提醒自己的亲人和朋友，规范使用身份证件；不将身份证件借给他人使用，自己也不使用他人身份证件；否则将要承担法律责任。

66

通过网络兼职"刷单"赚钱，靠谱吗？

📖 案情简介

　　小帅的室友小明最近经常跟小帅宣传自己的兼职："工作轻松，报酬丰厚，足不出户、动动手指就能赚钱。"小明的兼职内容是给一个购物商城的卖家刷单，第一单佣金是5%，刷得越多佣金越丰厚。小帅将信将疑，因为他发现小明每天忙忙叨叨地刷单，好像也没赚到什么钱，而且还要先交528元的保证金，如果不完成任务量，就不退还保证金。小明后来告诉小帅其实他的收入微薄。由于平台要抽取一部分提成，每单收入远不到招人时所宣传的高达数十元，基本都在5元以下。为应对平台审核避免被封号，每个号每月不能超过12单淘宝单。直到4个月之后，小明才终于累计刷到可以退保证金的150单，时间和精力花了不少，仔细算下来却根本没赚到钱。某天，小帅看到了一档普法节目，法律专家表示，刷单是违法行为，如因刷单造成消费者损失，刷客还负有连带赔偿等法律责任，甚至有可能构成共同犯罪。于是，小帅劝小明不要再沉迷于兼职刷单，避免接着上当受骗。

📝 案例分析

一些大学生因为相信了刷单公司宣传的"不限时间地点、活儿轻松、能挣零花钱"，就盲目加入刷单大军。生活中，大部分人只觉得刷单行为"不道德"，但并不知道已经涉嫌违法。

根据《民法典》第一千一百六十八条的规定，二人以上共同实施侵权行为，造成他人损害的，应当承担连带责任。如果刷单者明知商家虚假宣传还主动参与刷单，实际实施侵权行为，将被视为共同侵权，对消费者的损失负有连带赔偿责任。如果刷单的人在明知可能犯罪的情况下参与数量较大、金额较多的刷单行为，情节严重的可能构成共同犯罪。

值得注意的是，此类刷单兼职不仅涉嫌违法犯罪，现实中以刷单为由，对兼职者实施诈骗的案例也不在少数。比如本案例中小明所支付的保证金，有些诈骗者会以商品售价高等理由，要求刷单者提前支付保证金；随着刷单的金额越来越高，保证金数额也越高，到某一高额订单，诈骗者便带着保证金突然"消失"。倘若遭遇此类诈骗，一定不要抱着吃闷亏的心态，要及时报警！因为犯罪分子对某一个人的诈骗金额往往达不到诈骗罪的立案标准，但若是每一个受骗者都积极维权，则能帮助警方更快抓获犯罪分子，避免更大的损失。

因此，在校大学生们一定要注意甄别不良兼职，有想要从事兼职的，尽量通过学校相关部门等正规途径联系；不要轻信他人，涉及交付保证金、押金的，一般不靠谱！

67

小兼职就能赚大钱，是馅饼还是陷阱？

📖 案情简介

　　小美在网上寻找兼职的时候结识了乔某，乔某收购了小美的三套银行卡（一套银行卡包括一张银行卡、U盾、绑定的手机号码），并支付给小美1000元。小美稍有不安，询问乔某用此银行卡做什么，乔某支吾不清。却拜托小美为其从同学处继续收购银行卡，并许诺了丰厚的报酬。小美犹豫说考虑几天再回复乔某。

　　次日，学校恰好请来了当地的反诈民警来为大家讲公开课，宣传防范电信诈骗的相关知识，小美这才意识到乔某可能会利用她的电话卡和银行卡实施电信诈骗。于是向民警咨询，并主动配合民警调查。随后民警顺藤摸瓜，破获了一起电信诈骗案件。

📝 案例分析

　　信息网络诈骗犯罪越发多样化，罪犯的"黑手"也伸到了校园当中，他们以高昂的报酬诱骗学生为其收购银行卡、电话卡，再用收购而来的银行卡、电话卡实施信息网络诈骗犯罪。如果明知他人是为了实施诈骗等犯罪，仍为其提供相关帮助的，可能构成《刑法》第二百八十七条之二"帮助信息网络犯罪活动罪"，即"明知他人利用信息网络实施犯罪，为其犯罪提供互联网接入、服务器托管、网络存储、通讯传输等技术支持，或者提供广告推广、支付结算等帮助，情节严重的，处三年以下有期徒刑或者拘役，并处或者单处罚金"。本案中，小美是幸运的，她面对金钱引诱有所犹豫和警惕，并且在求助了反诈民警后及时认识到了事情的严重性，甚至为案件破获提供了有价值的线索。如果小美被金钱诱惑，实施为乔某收购银行卡、电话卡的行为，可能也会被认定为"明知"，因为《最高人民法院、最高人民检察院关于办理非法利用信息网络、帮助信息网络犯罪活动等刑事案件适用法律若干问题的解释》第十一条规定，为他人实施犯罪提供技术支持或者帮助，具有下列情形之一的，可以认定行为人明知他人利用信息网络实施犯罪，其中就包括：交易价格或者方式明显异常的；提供专门用于违法犯罪的程序、工具或者其他技术支持、帮助的；为他人逃避监管或者规避调查提供技术支持、帮助的；其他足以认定行为人明知的情形。从上述规定可以看出，交易价格或者方式明显异常的可能被认定为"明知"，所以大学生应当通过学习法律知识，增强法治意识，保护自己，远离违法犯罪行为。如果遇到类似的问题，可以主动向学校法治教育负责老师或者辅导员老师咨询，切勿因为一时贪念而触犯法律。

68

网恋奔现却遭遇"杀猪盘",该怎么办?

📖 **案情简介**

    小帅发现室友小明最近经常拿着手机聊天,还时常找室友借钱。一问之下才知道小明通过某交友网站认识了网友小丽。小丽的母亲早逝,父亲瘫痪在床,虽然通过助学贷款上了大学,但家里却拿不出生活费,只能靠打零工维持生活。小明同情小丽的身世,对小丽经济上的资助和消费要求有求必应,累计转账12000余元。小帅觉得小丽的行为很可疑,便建议小明根据小丽提供的家庭地址,联系当地村委会了解具体情况,谁知村委会却表示并没有这户人家。于是小明选择了报案,经查证,"小丽"是某电信网络诈骗团伙的成员,该诈骗团伙通过社交软件以恋爱交友之名选择诈骗对象,在取得其信任后,便会以投资理财为由诱惑其在某虚假的网站进行投资,受骗者投入的所有资金则会经多道非法程序,最终进入诈骗团伙的口袋。

📝 案例分析

所谓"杀猪盘",是指诈骗分子利用网络交友,诱导受害人投资赌博的一种电信诈骗方式。诈骗分子准备好人设、交友套路等"猪饲料",将社交平台称为"猪圈",在其中寻找被他们称为"猪"的诈骗对象,待获得充分的信任后,骗取钱财。

本案中的犯罪分子"小丽"按照塑造"人设"、套取信息、发展感情、了解需求、推荐投资、引诱投资、切断联系的"七步走"方式进行诈骗,形成了完整严密的诈骗流程,给被害人造成财产损失。在此提醒,网络世界纷繁复杂,网络交友更需谨慎,假网恋、真诈骗并非罕见,需警惕"甜蜜陷阱"。倘若遭遇"杀猪盘",要及时报警处理、配合调查,以便追回损失。

69

在虚假众筹捐款平台捐款被骗，应当怎么办？

📖 案情简介

　　小红某天在朋友圈看到同班同学小军转发的某众筹捐款平台的信息推送，点进去后发现是同校的一名自己不认识的学生的亲人突发恶疾，急需手术费，并且捐款栏除了小军外还有其他几名自己认识的同学；小红觉得大家都在一个学校，虽然与这位需要帮助的同学素不相识，但能为他人提供一些力所能及的帮助也很有意义，便在平台上捐款100元。

　　几天后小红想看一下筹款的进度，可当小红再点进该链接时，却显示"该内容涉嫌违规"，小红不知道自己是不是被骗了，便去找小军询问具体情况到底如何，小军却说自己也不认识筹款的人，也不知情。小红和小军又问了一些捐了款的同学，大家的回答也都是这样。大家意识到自己被骗了，便立即报警，看是否能追回被骗的钱款。

📝 案例分析

本案例中发布众筹捐款的人以虚假信息骗取他人同情从而实施诈骗，该行为是在假借募捐名义骗取财产，是违法的。《民法典》第一百四十八条规定："一方以欺诈手段，使对方在违背真实意思的情况下实施的民事法律行为，受欺诈方有权请求人民法院或者仲裁机构予以撤销。"根据《刑法》的相关规定，以非法占有为目的，使用编造虚构事实等诈骗方法非法集资，达到一定数额将构成集资诈骗罪，依法应承担相应的刑事责任。所以，面对上述案例中的"筹款者"骗取他人财物、非法获利的行为，小红、小军等同学报警处理追回被骗钱财的做法是完全正确的。

现如今，利用人们的同情心，编造捐款行骗事件屡见不鲜，而大学生群体并未真正踏入社会，缺乏社会经验，往往心思单纯善良、疏于防范，给了行骗者可乘之机。例如，上述案件中提到的，利用学生的爱心与善良，从而让学生"乖乖掏钱"，完成行骗。

为真正需要者捐款是善良正义之举，但大学生朋友们在做好事时也要注意甄别、存一分质疑之心；倘若发现此类诈骗事件，要勇于打破其骗局，通过合法途径维护自己的正当权益。

求职工作篇

70

找工作时被要求缴纳入职保证金，应该怎么办？

📖 **案情简介**

小王毕业于国内某知名高校计算机专业。在校期间，小王不仅成绩优秀，多次获得奖学金，而且组织能力强，策划过多场有创新性的活动，获得老师和同学们的高度认可。大四毕业那年，小王应聘某知名民营企业的程序员岗位时，笔试和面试成绩都很突出，综合成绩排名第一。该企业总经理认为小王毕业于国内知名院校，学习优秀，组织能力强，思维缜密，擅长沟通，是一名难得的有潜力的员工。但是同时也担心小王干不长久，在积累经验之后，会跳槽到其他更有竞争力的企业。为了让小王能够长期、稳定地留在公司，该企业总经理和HR商议后，决定对小王采用缴纳保证金制度：在入职前缴纳 2万元的保证金，如果两年后小王不离职，这2万元的保证金会如数退还。那么，小王要交这个保证金吗？该公司的行为合法吗？

✏ 案例分析

现实生活中，有的用人单位出于留住人才、节约成本等目的，在雇用劳动者时，会强制要求劳动者缴纳保证金，甚至扣押劳动者的身份证。这些做法都是不符合法律规定的，如果在求职过程中遇到此类情况，可以拒绝；其拒不改正的，可以向劳动行政部门举报，要求其按照相应法律规定整改。

《劳动合同法》第九条规定，用人单位招用劳动者，不得扣押劳动者的居民身份证和其他证件，不得要求劳动者提供担保或者以其他名义向劳动者收取财物。虽然用人单位与劳动者存在管理与被管理的关系，但是二者之间应遵循平等自愿、协商一致的原则建立劳动、用工关系。因此用人单位无权扣留劳动者证件或是收取保证金。如果用人单位违反上述法律规定，会面临相应的法律后果。我国《劳动合同法》第八十四条第二款规定，用人单位以担保或者其他名义收取劳动者财物的，由劳动行政部门责令返还给劳动者，并以每人500元以上 2000元以下的标准处以罚款。给劳动者造成损害的，还应当承担赔偿责任。

本案例中，某民营企业为了防止人才流失，制定了收取保证金的制度，该行为违反了我国相关法律规定，小王有权拒绝缴纳保证金，并要求该公司改正其不当行为。

71

公司让我分开签订试用期合同和正式劳动合同，应该怎么办？

📖 案情简介

　　大四学生李某毕业后求职，收到某互联网公司的录取通知书。入职当天，李某办理相关的入职手续时，公司的HR给李某提供了一份试用期合同。该试用期合同明确约定试用期为3个月。HR告诉李某，按照公司规定，3个月后，如果试用期考核不合格，李某无法入职公司，公司将不与李某签署正式劳动合同；如果试用期内考核合格，就可以正式入职，签订正式劳动合同。李某考虑到自己所学专业就业面较小，不好找工作，而且该互联网公司在行业内排名靠前，自己在大企业能积累一定的工作经验，就先签了试用期合同。该公司先签订试用期合同，正式入职后再签订正式劳动合同合法吗？

案例分析

　　我国《劳动合同法》第十条规定，建立劳动关系应当签订劳动合同，已建立劳动关系，未同时签订书面劳动合同的，应当自用工之日起一个月内签订书面劳动合同。用人单位与劳动者在用工前订立劳动合同的，劳动关系自用工之日起建立。第十九条第四款规定，试用期包含在劳动合同期限内，如果劳动合同仅约定试用期的，试用期不成立，该期限为劳动合同期限。因此，案例中的用人单位想与劳动者先签订试用期合同，再签订正式劳动合同的做法是不符合法律规定的；其所签订的所谓试用期合同，实际应认定为正式劳动合同、期限为3个月。劳动者李某可以据此规定要求公司与自己重新签订符合法律规定的劳动合同，保护自己的正当权益。

72

租住的房子可以不经房东同意自行转租吗？

📖 案情简介

　　小张大学毕业后，没有找到工作。为了节省经济成本，小张就在学校附近租了一间房屋，该房屋合同明确约定：此房屋小张只有使用权，不得整体转租。几个月后，经过不懈努力，小张终于找到了一份心仪的工作。但是，因为用人单位距离小张租的房屋较远，为了上班方便，小张又在工作地附近租了一间房屋。但原来在学校附近租的房屋未到期，小张还要照付房租，为了减少自己的损失，小张便在未经其房东同意的情况下擅自将房屋出租给其他人。房东知晓后非常生气，于是就找小张理论："在未经我同意的情况下你不得擅自将房屋租给其他人！"便要解除房屋租赁合同，收回房屋。小张反驳道："咱们签了房屋租赁合同，我租的房屋我有处置权，不用征得你的同意！"那么在本次事件中，小张未经房东同意私自转租房屋，是否违法？

📝 案例分析

根据《民法典》第七百一十六条的规定，承租人经出租人同意，可以将租赁物转租给第三人。承租人转租的，承租人与出租人之间的租赁合同继续有效；第三人造成租赁物损失的，承租人应当赔偿损失。承租人未经出租人同意转租的，出租人可以解除合同。案例中的小张在未经房东同意的情况下，将房子转租给他人是不符合法律规定的，房东有权解除与小张的房屋租赁合同，将房子收回来。

因此，我们在租房时要考虑到后续可能出现的转租、退租事宜，并且在租房协议中明确约定好相应的处理办法；租房协议是双方当事人真实的意思表示，受到法律保护，任一方不可随意变更；倘若承租后发生了租房协议中没有事先约定的事项，要积极与房东沟通，寻求合理的解决办法。

73

租住的房子可以自行装修、改造吗？

📖 案情简介

　　大四学生小朱在校外租房，通过中介介绍，与房东冯某签订了《房屋租赁合同》，小朱依约支付了租金、押金共计12000余元。租房期间，小朱想对房屋进行装修，通过中介将自己想要装修的想法告知了屋主冯某的女儿钟某。但在尚未得到冯某同意的情况下，小朱就开始了装修工作，先后拆除了房子10扇门、1扇窗、1面隔墙和1个灶台……改变了房屋原有的结构。见到"变样"了的房子，房东冯某感到不满，和小朱产生纠纷，多次协商未果，便告到了法院要求赔偿。

　　法院经审理认为，冯某与小朱签订的《房屋租赁合同》系双方真实意思表示，且内容不违反法律的规定，应认定为有效合同，当事人应依照合同约定履行相应义务。小朱未经冯某同意，对房屋进行装修，将涉案房屋的门窗、隔墙和灶台拆除，至今未重新安装好，依法应承担赔偿责任。法院最终判决，解除冯某与小朱签订的《房屋租赁合同》，小朱支付的房屋租赁押金6000元无须退回；限小朱支付冯某租金、垫付水电费、损害赔偿金等共计12000余元。

📝 案例分析

《民法典》第七百一十五条第二款规定："承租人未经出租人同意，对租赁物进行改善或者增设他物的，出租人可以请求承租人恢复原状或者赔偿损失。"实践中，承租人在未经出租人同意的情况下，擅自对房屋进行装修装饰而引发的纠纷不少。承租人未取得出租人同意，擅自在租赁房屋上进行装饰装修，改变了租赁房屋的形态，构成了对房屋所有权人的侵害，依法应当承担侵权责任。

因此，大学生们也应当明白，建立房屋租赁关系后，作为租客，理应严格依照房屋租赁合同约定履行对所租赁房屋的保护义务，爱惜他人财物，自觉保持房屋装饰设备完好无损。作为房东，应定期对出租的房屋进行检查，对房屋及屋内设施及时履行修缮义务，保障租客的居住安全。

74

还在租期内的房子被房东卖了，应该怎么办？

📖 **案情简介**

　　小明父母从商，家庭条件不错。小明大学毕业后在一线城市找了一份金融行业的工作，并在工作单位旁边租了老李的一套三居室房子，租期为2年。在合同到期的前2个月，小明考虑到自己单位距离现在租的房子近，通勤时间短，且价格合适，于是向老李表示，想要续租。与此同时，小明还和老李表示，自己的父母是做生意的，家底殷实，也有购买这套房子的意向。老李考虑到孩子要去国外读书，急需现金，想快速卖掉这套房子，但是犹犹豫豫的老李并没有明确回复小明不想继续出租，也并未告知小明自己要卖房。1个月后，老李通过中介把房子卖给了刘某，获得了七八百万元的现金。刘某也在中介和老李的协助下，顺利办理了不动产房屋登记证。刘某急于搬进新房子，不想让小明继续租住该房子。小明觉得自己是承租人，有优先购买该房子的权利，老李与刘某的房屋交易行为是无效的。那么，房东将租期未到的房子卖给第三方，其买卖合同有效吗？小明又该如何维护自己的权益呢？

📝 案例分析

根据《民法典》第七百二十八条，出租人未通知承租人或者有其他妨害承租人行使优先购买权情形的，承租人可以请求出租人承担赔偿责任。但是，出租人与第三人订立的房屋买卖合同的效力不受影响。在上述案例中，出租人老李在未通知承租人小明的情况下，就与购房人刘某签订了房屋买卖合同，配合刘某顺利办理不动产房屋登记证。老李与刘某的房屋买卖合同是建立在真实意愿的基础上，是具有法律效力的。

同时，《民法典》第七百二十五条规定了买卖不破租赁条款。老李虽然已经出售房屋，但其与小明的租赁合同尚未到期，其与刘某的房屋买卖合同不影响与小明的租赁合同的效力。在承租期内，小明有权继续居住该房屋；且老李未在合理期限内通知小明卖房事宜，小明有权请求赔偿。

75

公司以考核不合格为由延长试用期，应该怎么办？

📖 案情简介

　　大四毕业生王某毕业后与某证券公司签订了一份为期3年的劳动合同，合同中明确约定了工作岗位、工作职责、薪酬、试用期工作、违约条款等基本信息，且明确约定试用期为6个月。在试用期期间，王某因业务操作不当被多个客户投诉。试用期满前一周，该证券公司HR对王某进行了试用期考核，因客户投诉等方面原因，王某考核结果不合格。但因为王某平时乐于助人，公司还是希望给他留下来的机会。公司HR便提出解决方案：延长试用期3个月，如若还没通过考核，就彻底解除劳动关系。考虑到就业难的情况，王某同意了HR延长试用期3个月的方案。该证券公司HR延长试用期的做法，合法吗？

📝 **案例分析**

根据《劳动合同法》第十九条规定，企业必须严格按与劳动者所签订的劳动合同期限来约定试用期，不得超过本条规定的上限。规定要求，劳动合同期限3个月以上不满1年的，试用期不得超过1个月；劳动合同期限1年以上不满3年的，试用期不得超过2个月；3年以上固定期限和无固定期限的劳动合同，试用期不得超过6个月。并且，用人单位与同一劳动者只能约定一次试用期。案例中的王某与某证券公司的劳动合同期限为3年，第一次约定试用期为6个月，但该公司在约定的试用期到期前继续延长试用期是否合法呢？第一，《劳动合同法》第十九条第二款明确规定了同一用人单位与同一劳动者只能约定一次试用期，以考核不合格为由延长试用期有重复约定试用期之嫌，存在很大的法律风险；第二，《劳动合同法》第三十九条规定在试用期被证明不符合录用条件的，单位可以解除劳动合同，但是并没有可以延长试用期的说法，换句话说《劳动合同法》并不承认"延长试用期"的说法。因此，某证券公司的HR延长3个月试用期的做法是不符合法律规定的。

本案中，公司可以与王某协商变更劳动合同中的其他条款，如改变岗位、薪资等，但不可以违反法律规定延长试用期。

76

劳动者可以主动放弃缴纳社保吗？

📖 案情简介

　　大专毕业后，23岁的小张一直在找工作，但因学业成绩和沟通能力一般，在求职时屡屡碰壁。好在小张没有放弃，在经过几番努力后，好不容易有一家公司愿意录用他，工资是每月5000元。随后，用人单位通知他去签劳动合同。小张有自己的小算盘，因刚毕业，还要租房，花销比较大，手里没有存款，想要到手工资多一些，所以主动提出想要放弃社保的缴纳。但是，用人单位对小张说："你这种行为不符合法律规定，属于违法行为！"小张反驳道："我自己的工资我想交就交，不想交就不交，和法律有什么关系！"那么，小张可以主动放弃缴纳社保吗？

✏️ 案例分析

　　我国《劳动法》第七十二条规定，社会保险基金按照保险类型确定资金来源，逐步实行社会统筹。用人单位和劳动者必须依法参加社会保险，缴纳社会保险费。《社会保险法》第八十四条规定，用人单位不办理社会保险登记的，由社会保险行政部门责令限期改正；逾期不改正的，对用人单位处应缴社会保险费数额一倍以上三倍以下的罚款，对其直接负责的主管人员和其他直接责任人员处五百元以上三千元以下的罚款。第五十八条第一款规定，用人单位应当自用工之日起三十日内为其职工向社会保险经办机构申请办理社会保险登记。案例中的小张为了让自己的到手工资多一些，让用人单位放弃缴纳社保的做法是违反法律规定的。为员工缴纳社保是单位的法定义务，员工的放弃声明是无效的，不能免除用人单位的相关义务。用人单位未依法为其员工缴纳社保的，会面临相应的行政处罚。

77

实习期间受伤，应该怎么维护合法权益？

案情简介

在校生小明通过校园招聘进入 A 公司（与学校存在实习合作关系）实习，双方签订为期半年的实习协议。实习期间，小明在工作时间、地点因工作原因发生伤害事故，小明和 A 公司就小明所受到的伤害是否属于工伤产生争议，诉诸法院。

法院审理认为，根据《工伤保险条例》的相关规定，用人单位的职工有权享受工伤保险待遇。其中，"职工"是指与用人单位存在劳动关系（包括事实劳动关系）的劳动者。而根据相关规定，在校生利用业余时间勤工助学，不视为就业，未建立劳动关系，可以不签订劳动合同。在校实习生与实习单位之间建立的并非劳动法意义上的劳动关系，双方在实习期间发生的权利义务也不适用劳动法调整。所以，虽然小明符合工伤认定的工作时间、工作地点、工作原因的三要件，但因不符合劳动主体资格，与用人单位不存在劳动关系，其所受到的伤害不属于工伤，不能享受工伤保险待遇。

📝 案例分析

根据《劳动合同法》和《工伤保险条例》的相关规定，与用人单位签订《劳动合同》的职工，在工作时间和工作场所内，因工作原因受到事故伤害的，应当认定为工伤，按照条例规定享受工伤保险待遇。

而作为日常实习生，并没有与用人单位建立劳动关系，不享受工伤保险待遇。但仍可以按一般民事侵权纠纷处理，根据有关侵权的法律规定，由学生、学校、企业按过错程度承担相应的责任。

本案中，小明可以就《民法典》规定的人身损害赔偿向A公司和学校主张权利。由学校和用人单位按照其过错承担相应责任。

此外，如果大学生在实习过程中，合法权益受到侵犯，应该积极运用法律武器，通过申请调解、仲裁、诉讼等合法途径，维护自己的正当权益，或拨打全国人力资源社会保障服务热线电话12333进行维权。

78

求职时遭遇用人单位地域歧视，应该怎么办？

📖 **案情简介**

　　某公司通过招聘平台发布了一批人员招聘信息，其中包含有"法务专员""董事长助理"两个岗位。即将大学毕业的小严通过某招聘软件针对该公司发布的前述两个岗位分别投递了求职简历。小严投递的求职简历中，包含有姓名、性别、出生年月、户口所在地、现居住城市等个人基本信息，其中户口所在地填写为"某省某市"，现居住城市填写为"某市某区"。几小时后，小严收到了该公司从某招聘软件上发来的信息，信息显示该公司认为小严不适合入职上述两个岗位，而该公司给出的不适合原因却是小严是"某省某市人"。

　　对此小严非常气愤，认为该公司对自己进行了地域歧视，是不公平的，便向当地法院提起诉讼，请求判令该公司赔礼道歉、支付精神损害赔偿并承担诉讼相关费用。

📝 **案例分析**

个人的出生地是无法自己选择的"先天因素"，而该公司因为小严的出生地问题拒绝小严的求职，将与工作的"内在要求"没有任何关联性的"先天因素"作为招聘条件，违背了公平正义的一般原则，侵害了小严作为劳动者的平等就业权。

平等就业权是劳动者依法享有的一项基本权利，既具有社会权利的属性，亦具有民法上的私权属性，劳动者享有平等就业权是其人格独立和意志自由的表现，侵害平等就业权在民法领域侵害的是一般人格权的核心内容——人格尊严，人格尊严重要的方面就是要求平等对待，就业歧视往往会使人产生一种严重的受侮辱感，对人的精神健康甚至身体健康造成损害。

所以，当大学生在兼职或求职过程中，无论是受到地域歧视、性别歧视甚至是外貌歧视时，都属于平等就业权受到了侵害，可以向人民法院提起民事诉讼，维护自己的正当权益并要求对方赔礼道歉，以及支付精神损害赔偿。

79

因升学而辞职，需要支付违约金吗？

📖 **案情简介**

临近毕业，李同学顺利找到了一份教师的工作，与某私立学校签订了三年的劳动合同。工作一年后，李某决定提升自己，有了考研深造的想法，于是利用业余时间看书复习。但李某对自己能够一次成功考上研究生并没有十足的把握，所以没有告知周围的同事和领导自己正在备考。在工作的第二年，李某成功考上了另一个城市的研究生。

于是，李某把事情告诉了学校领导，并准备辞去学校的工作。学校领导说李某与学校签订了三年的劳动合同，不到三年就辞职是违反协议的，需要李某支付违约金，而且李某还需要等找到人进行交接教学工作，一个月后才可以辞职。李某觉得工作交接一个月是可以接受的，但是要求她支付违约金不合理，因为自己没有给学校造成任何损失。那么，学校的要求是符合法律的吗？李某是否需要支付违约金呢？

📝 案例分析

用人单位与劳动者一旦签订劳动合同，那么双方都有严格按合同的约定履行合同的义务，任何一方不履行合同义务或者履行合同义务不符合约定，都应赔偿因此给对方造成的损失。但是，依照《劳动合同法》第二十二条、第二十三条有关服务期、保密义务和竞业限制，以及第二十五条有关违约金的规定，如果用人单位与劳动者之间没有关于专项培训费用、竞业限制的约定，则用人单位不得与劳动者约定由劳动者承担违约金。即如果考研成功准备辞职的员工不存在以上两种情况的话，就不需要向用人单位支付违约金。

所以在上述案例中，李某虽然与私立学校签订了为期三年的劳动合同，但所签劳动合同中并没有关于需要支付违约金的约定。所以，李某在此时辞职不需要向学校支付违约金。

另外需要注意的是，若本科生毕业签了三方协议后考上研究生，直接读研虽然不会涉及违约金的问题，但会存在违约的情形。所以如果不想违约的话，建议提前三十天通过书面的形式将真实情况告知签约公司，解除协议。

图书在版编目（CIP）数据

大学生应知应会法律常识/《大学生应知应会法律常识》编写组编著. —北京：中国法制出版社，2024.1

ISBN 978-7-5216-3822-6

Ⅰ.①大… Ⅱ.①大… Ⅲ.①法律—基本知识—中国 Ⅳ.① D920.4

中国国家版本馆 CIP 数据核字（2023）第 157879 号

统筹 杨智 　　 责任编辑 胡艺 马春芳 刘悦 　　 封面设计 蒋怡 杨鑫宇

大学生应知应会法律常识
DAXUESHENG YINGZHI YINGHUI FALÜ CHANGSHI

编著/《大学生应知应会法律常识》编写组
经销/新华书店
印刷/三河市紫恒印装有限公司
开本/880 毫米×1230 毫米 　 32 开 　　　　　 印张/6.75 字数/32 千
版次/2024 年 1 月第 1 版 　　　　　　　　　 2024 年 1 月第 1 次印刷

中国法制出版社出版
书号 ISBN 978-7-5216-3822-6 　　　　　　　　　　 定价：39.80 元

北京市西城区西便门西里甲 16 号西便门办公区
邮政编码：100053 　　　　　　　　　　　 传真：010-63141600
网址：http://www.zgfzs.com 　　　　　 编辑部电话：010-63141817
市场营销部电话：010-63141612 　　　　　 印务部电话：010-63141606

（如有印装质量问题，请与本社印务部联系。）